노동정책에 따른 저임금근로자들의 근로조건 변화와 노동계의 영향요인 분석

- 최저임금인상과 공공부문 비정규직의 정규직화 정책을 중심으로 -

김 현 중

서울경제경영

| 저자소개 |

김 현 중

서울과학종합대학원을 졸업하였으며, 현재 산별노조인 <한국공공사회산업노동조합>의 위원장, 산업정책연구원(IPS)의 연구교수로 활동하고 있으며, 한국노총 상임부위원장을 역임하였다. 1992년에 철도청의 철도원으로서 전국철도노조 <망우신호제어지부장>을 시작으로 전국철도노동조합 조직국장, 기획실장 등을 역임하였으며, 1997년에는 <철노 50년사>를 편집하였다. 2004년부터는 한국철도공사 정규직과 공무직, 비정규직이 함께 연대하는 산별노조인 <한국철도산업노동조합>을 이끌어 왔으며, 일반사회분야 비정규직의 조직 확대에 따라 조합의 명칭을 현재와 같이 변경하였다. 또한 2008년 7월부터 2022년 3월까지 중앙노동위원회 근로자위원, 2015년 5월부터 2024년 3월까지 최저임금위원회 근로자위원을 역임하였다. 특히 비정규직 및 공무직 등 저임금 노동자에 대하여 많은 관심을 갖고 노동조합 활동을 하고 있다.

-1997년 국무총리 표창

-2021년 은탑산업훈장

노동정책에 따른 저임금근로자들의 근로조건 변화와 노동계의 영향요인 분석

- 최저임금인상과 공공부문 비정규직의 정규직화 정책을 중심으로 -

2024년 5월 17일 | 초판 인쇄
2024년 5월 24일 | 초판 발행

지 은 이 | 김현중
발 행 인 | 김은중
발 행 처 | 서울경제경영출판사
북 디 자 인 | (주)우일미디어디지텍

주 소 | 03767 서울특별시 서대문구 신촌로 205, 506호
전 화 | 02)313-2682
팩 스 | 02)313-8860

등 록 | 1998년 1월 12일 제5-63호

ISBN 979-11-6282-125-1 93320 정가 12,000원

들어가는 글

본 논문은 정부의 노동정책에 따른 저임금근로자들의 근로조건 변화와 노동계의 영향요인을 분석한 것으로 우리 사회의 임금근로자 중 최저임금의 영향을 받는 저임금 근로자와 고용이 불안한 저임금 비정규직 근로자에 관한 연구다. 논문은 '최저임금 인상에 따른 저임금근로자들의 근로시간 변화', '저임금근로자들의 노동조합의 임금효과', '공공부문 비정규직의 정규직화 정책의 정책순환 과정에서 노동계의 영향 요인' 등 3개의 주제로 구성된다.

우선, 최저임금 인상에 따른 임금수준과 근로시간 간의 관계를 분석하고, 이를 통해 최저임금 인상과 근로시간 간에 예측할 수 있는 상관관계를 추정하였다. 특히 최저임금의 영향을 많이 받는 저임금근로자들의 근로시간 변화에 초점을 두었다. 연구는 한국노동연구원의 노동패널 개인 자료를 활용하여 주 40시간제도가 완전히 정착한 2012년부터 2020년까지 기간을 대상으로 시간고정효과 모형을 추정하였다. 최저임금 근로자의 정의는 ILO 기준을 차용하여 최저임금의 0.9~1.1의 범위를 기준으로, 이 기준의 상하위 각 0.4의 범위인 최저임금의 0.5~1.5의 범위에 해당하는 임금 근로자를 분석하였다. 분석 결과, 최저임금 인상에 따른 근로시간 추정 계수는-0.001로, 최저임금이 1원 인상은 주 근로시간을 0.001시간 감소시키는 것으로 추정되었다. 그리고 최저임금의 0.5~1.5 범위 근로자들의 평균근로시간은 전체 근로자들의 평균근로시간보다 5.5시간이 많은 것으로 분석되었다. 또한 최저임금의 0.9~1.1을 기준으로 임금수준이 0.2 범위씩 상승한 1.1~1.3, 1.3~1.5 범위에서는 주 근로시간은 각 1.9, 3.2 시간이 감소하였다. 반대로 기준범위에서 임금수준이 0.2 범위씩 내려간 0.9~0.7, 0.7~0.5 범위에서는 각 2.3, 5.7 시간이 증가하였다.

최저임금 이상의 범위에서는 주 근로시간의 감소하는 반면 최저임금 미만에서는 주 근로시간이 증가한다는 분석 결과는 최저임금 인상이 최저임금제도의 제정 취지와 거리가 먼 결과를 가져온다는 점을 시사한다. 즉 근로시간이 감소하면 최저임금이 상승하더라도 결국 월 총임금의 인상이 최저임금 인상률에 따라가지 못한다. 최저임금 미만 근로자는 근로시간을 늘려서 부족한 소득을 일정부분 충족시키고 있음을 의미한다.

이러한 결과가 제시하는 정책적 시사점은 고용노동부의 근로감독 기능에 '최저임금이 인상되었을 때 저임금근로자들의 근로시간이 단축되지 않도록' 하는 내용을 포함해야 하며, 나아가 정부는 임금 지불 능력이 부족한 영세사업장 등에 대해서 세제 감면 등 재정 지원을 하여 최저임금 미만 사업장이 발생하지 않도록 해야 한다.

이러한 저임금근로자들의 임금 및 근로조건을 개선하는 데는 정부의 역할 뿐만 아니라, 저임금근로자들을 조직하고 이들의 이익을 대변하는 노동조합의 역할도 중요하다. 현재 많은 노동조합이 저임금근로자들의 임금인상 등 근로조건 개선을 위하여 활동하고 있다. 이에 본 연구는 시간고정효과 모형을 추정하여 최저임금의 1.5배 이하인 저임금근로자들의 노동조합 임금 효과 분석을 실시하였다. 분석 결과 전체 임금근로자의 노동조합 임금 효과는 1.5%p였으며, 저임금근로자는 6.2%p였다. 저임금근로자 중 특히 최저임금 미만자는 8.4%p로 분석 대상 중에서 가장 높았다. 그러나 임금이 높고 노동조합 가입 비율이 높은 최저임금 1.5배 이상인 중위 임금 이상에서는 노동조합 임금 효과는 나타나지 않았다. 오히려 노동조합 가입 비율이 낮은 저임금근로자 범위에서 노동조합 임금 효과가 더 높고 분명하게 나타나고 있다.

이상의 결과가 시사하는 것은 노동조합은 저임금근로자들의 조직화를 위하여 더욱 노력해야 하며, 저임금근로자들도 노동조합 가입을 위해 좀 더 노력하는 것이 경제적 상황을 개선하는 데 도움이 된다는 점이다.

노동시장 이중구조인 비정규직에 대한 정부의 정책은 노무현 정부 이래 꾸준히 전개되었다. 문재인 정부에서는 공공부문의 비정규직을 정규직으로 전환하는 정책을 결정하고 집행하였다. 본 연구에서는 문재인 정부의 비정규직의 정규직화 정책의 정책순환 과정에서 노동계의 영향 요인을 분석하고, 앞으로 개선해야 할 과제와 해결방안을 제시하였다. 비정규직의 정규직화 정책에 관하여 노동계가 주장하고 요구한 내용을 분석하고, 정책 과정에서 노동계가 미친 영향을 분석하였다.

분석 결과, 노동계는 비정규직의 정규직화 정책이 구체화 되는 과정에서 상시지속 업무 기준의 재설정, 일방적 정년 단축 방지, 공무직 임금 및 처우개선을 위하여 고용노동부 외에 기획재정부 등 관련 부처가 참여하는 공무직위원회 설치를 요구하였다. 그러한 요구는 정규직화 대상 민간 위탁 노동자의 기준 재분류, 고용승계의 확실한 보장, 공무직위원회 설치와 공무직위원회에 노동계의 참가 등 유의미한 결과로 귀결되었다. 그러함에도 공무직의 법제화, 공무직위원회의 존치, 자회사 운영의 문제 등은 추후 개선과제로 남게 되었다. 새 정부는 이러한 개선 과제를 중요한 노동정책으로 승계하고, 정책 집행과정에 노동계의 참여를 지속해서 보장할 필요가 있다.

이와 같은 정부 정책의 결정과 집행 과정은 기업경영의 ser-M 모델로 설명할 수 있다. 주어진 조건인 기존 환경(e) 속에서 정부가 주체(s)가 되어 자원(r)인 비정규직을 정규직으로 전환하는 자원혁신메카니즘(E-S-R) 유형으로 분류할 수 있다. 그리고 여기에 기업경영에서는 볼 수 없는 환경의 적극적 개입, 즉 노동계의 적극적인 활동으로 주체 환경 자원이 더욱 활발하게 상호작용할 수 있는 새로운 메카니즘으로서 공무직위원회가 설치되어, 메커니즘이 더욱 역동적으로 작동된 것으로 분석되었다.

본 연구 결과가 제시하는 정책적 시사점으로는 최저임금 인상이 근로시간에 영향을 미치는 가운데, 특히 저임금근로자들의 근로시간이 감소하여 최저임금제도의 취지와 위배되고 있는 실태에 대한 행정지도가 필요하다는 점이며, 저임금근로자가 노동조합 활동을 통해 경제적 상황을 개선할 수 있도록 노동 주체의 연대와 정부의 법제도적 지원이 필요하다는 점이다.

또한 공공부문의 비정규직의 정규직화 정책에 노동계가 공무직 처우개선에 미친 긍정적 영향을 고려할 때, 공무직제의 신설, 공무직위원회의 지속적인 활동, 자회사 운영의 개선이 필요하다는 점이다.

본 도서는 서울과학종합대학원대학교 박사학위논문을 바탕으로 재편집된 것입니다.

목 차

VI. 결 론 72

표목차

그림목차

I 서론

제1절 연구의 배경

본 연구는 정부의 노동정책에 따른 저임금근로자들의 근로조건 변화와 노동계의 영향요인에 대하여 분석하였다. 연구는 3편으로 구성되며, 이 중 2편은 실증연구로서 저임금 및 비정규직 근로자들에 관한 연구이며, 또 다른 1편은 사례연구로서 정부정책에 관한 연구이다. 실증연구 2편은 연구1의 '최저임금 기준 임금수준과 근로시간 간의 관한 연구', 연구2의 '최저임금을 기준으로 본 저임금근로자의 노동조합 임금효과'이다. 그리고 사례연구 1편은 연구3의 '공공부문 비정규직의 정규직화 정책순환과정의 노동계의 영향요인 분석'이다.

먼저 연구1의 배경으로는 2012년에 주40 시간제의 완전한 정착과 2018년도에 큰 폭의 최저임금 인상과 주 근로시간이 연장근로를 포함하여 주 52시간으로의 변화였다. 이러한 제도적 측면에서 노동시장의 변화가 당초에 시장경제에 기대했던 정책적 효과를 발휘하였는지를, 2012년부터의 데이터를 활용하여 최저임금 인상이 근로시간 변화에 미친 영향을 분석하여 실증적으로 밝히고자 하였다. 또한 최저임금위원회의 2019 공청회 및 현장 방문 결과보고서에 의하면, 현장에서는 과거 꾸준히 최저임금(시급) 인상 수혜로 높아져야 할 월 임금 총액이 근로시간 단축으로 최저임금 인상률에 미치지 못하는 것으로 보고되고 있다.

실제로 홍민기(2019)는 최저임금이 대폭 인상된 2018년을 기준으로 최저임금 상승과 고용의 관계를 규명하고자 하였는데, 분석 결과 기업들은 고용량보다는 근로시간을 조정하는 방식으로 대응하는 것으로 나타났다. 실제로 2021년 6월, 최저임금위원회에서 편찬한 2020년 활동 보고서에 수록된 근로자 위원의 발언 중 '최저임금이 인상되면 현장에서 사용자들이 근로시간을 줄이는 경향이 있어 시간급의 최저임금은 인상되었지만, 월 임금은 시간급 최저임금이 인상된 비율만큼 인상되지 않으니, 최저임금의 단위를 월 임금액으로 정해야 한다'라는 의견이 제시된 바 있다. 이렇듯 최저임금 인상이 저임금근로자들의 경제향상에 온전히 반영되지 않는다는 문제와 더불어 저임금과 고용불안으로 대변되는 비정규직의 문제는 노동시장 이중구조개선의 사회적 문제로 대두되고 있다. 이러한 현실 상황 속에서 비정규직을 포함한 저임금근로자의 최저임금 인상과 근로시간 간의 관계를 분석할 필요가 있다.

연구2의 연구 배경으로 1953년 노동관계법 제정 이후 우리나라 최초로 1955년 8월 18일 교통부 회의실에서 근로조건인 보수, 신분보장, 근로시간 등을 주 내용으로 하는 전문 48조로 된 '국유철도단체협약서'를 이종림 교통부 장관과 김주홍 대한노총 철도노동조합연맹 위원장이 체결하였다(전국철도노동조합, 1997). 이후 우리나라의 노동조합들은 사용자 측과 단체교섭을 통하여 단체협약을 체결하고 임금을 포함한 근로자들의 근로조건 개선을 위하여 활동해 오고 있다. 특히 1987년 민주화 이후 노동조합 활동은 더욱 활발해졌다.

노동관계법 중 집단적 노사관계법은 집단적 자조를 보장하고 있으며, 그 주체는 노동조합이다. 노동조합은 단체협약의 체결, 임금을 포함한 단체교섭, 쟁의행위 등을 할 수 있다. 노동가격이라고 할 수 있는 임금은 근로자에게는 삶을 영위하는 데 매우 중요한 근로조건으로서 근로자들은 노동조합을 통해 매년 임금인상을 위한 활동을 하며, 그 활동의 결과로 임금이 인상되는 것을, 노동조합의 임금 효과라고 한다(김장호, 1991).

그동안 노동조합 임금 효과에 관한 선행연구는 국내외에서 다양하게 발표되었다. 특히 우리나라의 경우 노동조합의 임금 효과를 노조의 유무별, 정규직과 비정규직별, 노동조합 임금 효과의 장기간 변화, 제조 부문에서의 노동조합 임금 효과, 노동조합 가입 성향의 결정요인, 직접 고용 및 간접고용의 비정규직 고용에 미친 영향, 여성

근로자 임금에 미치는 영향 등에 관해서 연구 발표되었다. 그렇지만 선행연구들에서는 '저임금근로자' 특히 '최저임금 부근의 근로자'에 대한 노동조합의 임금 효과 분석은 없었다. 이에 본 연구는 '저임금근로자에 대하여 노동조합의 임금 효과가 존재한다'라는 가설을 제기하고 이를 분석하였다.

연구3의 연구 배경으로, 우리나라 임금근로자는 고용 형태에 따라 크게 정규직과 비정규직으로 분류할 수 있다. 우리나라는 1997년 외환위기 이후 고용의 유연화로 비정규직이 많이 생겨났고, 비정규직이 처한 문제는 고용불안, 저임금 그리고 사회보험을 비롯한 복지 부문에서 정규직에 비해 구조적 차별을 받는 데에 있다. 이러한 차별은 우리나라 헌법 제10조의 '모든 국민은 인간으로서 존엄과 가치를 갖고, 행복을 추구할 권리를 가진다.' 제32조 1항의 '국가는 근로자의 고용증진과 적정 임금의 보장에 노력하여야 하며' 제32조 2항의 '근로조건의 기준은 인간의 존엄성을 보장하도록' 하는 헌법 정신에 어긋나는 것이다. 이 때문에 2006년 노무현 정부는 '기간제 및 단시간 근로자 보호 등에 관한 법률', '파견근로자보호 등에 관한 법률', '노동위원회법 일부개정안'을 마련하였는데, 그 주요 내용은 상시 지속적인 업무에 2년 이상 근무한 비정규직을 무기계약직으로 전환하는 것이었다. 이어 이명박 정부는 2008년에 '공공기관 기간제 근로자의 무기 계약 전환계획', 2011년에 '공공부문 비정규직 고용개선대책', 2013년에 ''13~'15년 공공부문 비정규직의 무기계약직 전환계획'을 내놓았다. 그러나 이 정책은 사실상의 고용불안, 정규직과 여전히 대비되는 차별적 노동조건, 직무분리와 권한의 제한이 그대로였다. 또한 박근혜 정부는 2014년 '비정규직 종합대책'을 발표하였고, 2015년에 들어서면서 비정규직에 대한 각종 기준을 만들면서 노동 개혁을 시도했으나 기대한 만큼의 성과를 내지 못하였다(김철· 남우근· 엄진령·이상훈, 2017).

문재인 정부는 2017년 5월, 공공부문의 비정규직을 정규직으로 전환하겠다고 발표하였는데, 이는 역대 정부의 공공부문 비정규정책의 기조를 이어가면서 내용과 방법을 보다 적극적으로 변경시켜 의제를 설정한 것이다. 이어 7월 20일 관계부처 합동으로 '공공부문 비정규직 근로자 정규직 전환 가이드라인'을 발표하였으며, 그 내용은 공공기관의 기간제 근로자 191,233명, 파견·용역근로자 120,655명 등 비정규직 311,888명 가운데 2년 이상 일할 근로자들이 정규직(무기계약직)의 전환 대상이 된다고 하였다(관계부처 합동. 2017). 이후 3단계에 걸쳐 2021년 말까지 197,866명이 정규직으로 전환되었으며, 이 중 51,752명이 자회사 소속 정규직으로 전환되었다(고용노동부, 2022). 이러한 문재인 정부의 공공부문 비정규직의 정규직화 정책에 관하여 노동계에서 성명서 기자회견 토론회 등을 통하여 집단적 발언 기구로서 정책적 요구와 문제점을 제기하였으며, 또한 일반 학계의 학술적 연구들도 발표되었다.

특히 학술적 연구의 주장과 노동계의 요구로 공무직위원회가 설치 운영됨으로서 공무직의 처우개선을 가져왔다. 그러나 공무직위원회의 활동 시한이 2023년 3월로 종료됨으로서, 아직 해결되지 않은 공무직의 법제화, 자회사 운영의 문제 등이 남아있다. 이에 본 연구는 공공부문 비정규직의 정규직화 정책의 순환과정을 고찰하면서 노동계의 영향요인을 분석하였다. 이를 위해 노동계에서 제기하고 비판해 왔던 요구사항들을 검토하고 선행연구와 비교 정리한 후, 노동계의 요구들이 정책순환 과정에서 어떠한 영향을 미쳤는지와 결과는 어떠하였는지를 분석하였으며. 또한 정부 정책 순환과정의 영향을 기업경영전략인 ser-M 모델에 적용하여 분석하였다.

노동계의 영향요인은 '경제사회발전을 위한 노동위원회'에 참여하여 활동한 총연합단체인 한국노동조합총연맹이 정부에 요구한 사항을 주 내용으로 하였다.

제2절 연구의 목적

본 연구1은 연구의 배경에서 밝혔듯이 최저임금이 인상될 경우, 최저임금의 수혜범위에 있는 임금노동자는 근로시간의 감소로 인해 월 임금에서 최저임금 인상 효과가 일정부분 상실된다고 보고되고 있다. 이러한 근로시간 감소는 결국 보이지 않는 고용의 감소로 보아야 하나, 그동안 국내연구에서는 최저임금과 고용률에 관련된 근로시간 감소를 간과한 측면이 있으며, 최저임금과 근로시간 간의 연구에서는 연구 대상과 기간이 부분적이었다.

이에 본 연구에서는 연구 대상과 기간을 확대하여 최저임금과 근로시간에 관한 예측 가능한 계수를 추정하고, 특히 최저임금의 영향을 많이 받는 비정규직을 포함한 저임금근로자들의 근로시간을 ILO에서 정하고 있는 최저임금 수혜 수준인 최저임금의 0.9~1.1 범위를 기준으로 상·하위의 일정 범위를 비교 분석하였다. 아울러 정규직과 비정규직 간, 기업형태 간, 기업규모 등에 대해서도 비교 분석하였다.

그리하여 본 연구는 '최저임금 인상에 따라 전체적인 근로시간은 감소할 것이며, 특히 최저임금 수혜 부근 저임금노동자들의 근로시간이 감소할 것이다'라는 가설을 제기하고, 'RQ : 최저임금 인상이 근로시간 변화에 영향을 미치는가?' 라는 문제를 제기하고, 실증적 분석 결과에 따라 정책적 시사점을 도출하는 것을 연구목적으로 하였다.

본 연구 2의 연구목적은 노동조합이 근로자의 근로조건 개선을 위한 단체교섭과정에서 임금인상 활동이 어느 정도의 임금인상 효과를 발생시키는지, 즉 노동조합 임금 효과를 분석하기 위한 연구다. 그동안의 연구에서는 노동조합 임금 효과 분석은 있었지만, '저임금근로자' 특히 '최저임금 부근의 근로자'를 대상으로 하는 노동조합의 임금 효과 분석은 없었다.

이러한 이유는 저임금근로자들의 임금은 정부 기구인 최저임금위원회에서 정하는 최저임금에 의해 결정되는 것으로 인식하고 있으므로 저임금근로자들의 노동조합 임금 효과는 없는 것으로 예측했을 것으로 추정된다. 그러나 본 연구에서는 최저임금을 기준으로 보았을 때, '저임금근로자들의 노동조합 임금 효과는 존재한다'라는 가설을 제기하고 실증적으로 연구한다. 연구 결과를 바탕으로 저임금근로자들에게 노동조합 활동의 의의와 필요성, 그리고 정책적 시사점 등을 도출하였다.

본 연구 3의 연구목적은 문재인 정부의 공공부문 비정규직의 정규직화 정책의 순환과정에 노동계가 정부에 요구한 사항이 어떻게 정책에 영향을 미쳤으며, 그 결과는 무엇인지 분석한다. 그리고 정책결과 평가 이후에 계속되는 요구사항을 개선과제로 보고 이를 해결할 방안을 제시하였다. 또한 정부 정책의 순환과정을 기업 경영전략인

ser-M 모델에 적용하여 주체로서 정부의 역할, 환경으로서 노동계의 역할, 자원으로서 공공부문 비정규직의 역할을 비교 분석하며, 상호작용에 의한 메카니즘의 형성과 역할을 분석함으로서, 정부의 정책순환 과정과 기업의 경영의 ser-M 모델 간의 메카니즘 구조에 상호 보완하는 방법이 있는지 분석하였다.

제3절 연구의 구성

본 연구는 〈표 1〉의 논문 구조표와 같이 총 Ⅵ 장으로 구성되며, 제Ⅰ장은 서론으로 연구 1, 2, 3의 연구의 배경, 연구의 목적, 그리고 연구의 구성을 서술한다. 제Ⅱ장은 이론적 고찰로서 각 연구의 기본 개요와 선행연구를 검토하였으며, 제Ⅲ장은 최저임금 기준 임금수준과 근로시간 간에 관한 연구의 연구 방법과 분석 결과, 제 Ⅳ장은 최저임금을 기준으로 본 저임금근로자의 노동조합 임금 효과에 관한 연구 방법 및 분석 결과, 제Ⅴ장은 정부의 공공부문 비정규직의 정규직화 정책의 연구 방법, 정책순환론 분석 및 분석 결과 그리고 ser-M 모델 분석 및 분석 결과를 서술하였으며, 제Ⅵ장은 결론으로 요약 및 시사점, 연구의 한계 및 향후 과제로 구성되어있다.

〈그림 1〉은 각 연구 간의 관계성을 인과순환지도로 표시한 것이다. 그림 중 최저임금 인상에 따른 월 임금의 인상, 경영자들의 최저임금 인상에 대한 최소화 의지와 최저임금 인상에 따라 근로시간을 축소하려는 성향을 나타내고 있으며, 그 영향에 의하여 저임금근로자 및 비정규직 근로자들의 월 임금이 결정되는 관계를 나타내고 있다. 또한 정부의 역할 중에 최저임금 인상이 정책적으로 연계되어 있음을 나타내고 있다.

또한 노동조합의 활동으로 임금이 높아지는 노동조합의 임금 효과를 나타내고 있으며, 아울러 노동조합 활동이 최저임금을 인상 시키고, 최저임금 인상에 따라 사용자들이 저임금근로자들의 근로시간을 축소하는 데 대하여 근로시간을 유지시켜 결과적으로 증가시키는 활동을 하는 관계를 나타내고 있다. 그리고 정부의 비정규직의 정규직화 정책의 각 순환과정에 노동조합 활동이 영향을 미치는 관계를 표시하고 있다. 또한

| 표 1 | 논문구조 표

<table>
<tr><th colspan="12">제 I 장 서론</th></tr>
<tr><td colspan="4">제1절 연구의 배경</td><td colspan="4">제2절 연구의 목적</td><td colspan="4">제3절 연구의 구성</td></tr>
<tr><th colspan="12">제II장 이론적 고찰</th></tr>
<tr><td colspan="4">제1절 최저임금과 근로시간</td><td colspan="4">제2절 저임금근로자의
노동조합 임금 효과</td><td colspan="4">제3절 고용노동 정책과
노동계의 영향 요인</td></tr>
<tr><td colspan="4">1. 최저임금제도의 개요
2. 최저임금과 근로시간에 관한 선행연구
3. 정규직과 비정규직의 분류</td><td colspan="4">1. 노동조합 임금 효과의 개념
2. 노동조합 임금 효과에 관한 선행연구</td><td colspan="4">1. 공공부문 비정규 고용정책
2. 비정규직의 정규직화 계획
3. 정책순환과정론 및 ser-M 모델이론
4. 노동계의 영향요인과 선행연구</td></tr>
<tr><th colspan="12">제III장 최저임금기준 임금수준과 근로시간 간에 관한 연구</th></tr>
<tr><td colspan="3">제1절 분석자료 및
분석 방법</td><td colspan="3">제2절 분석모형</td><td colspan="3">제3절 분석 결과</td><td colspan="3">제4절 소결</td></tr>
<tr><th colspan="12">제IV장 최저임금을 기준으로 본 저임금근로자의 노동조합 임금 효과</th></tr>
<tr><td colspan="3">제1절 분석자료 및
분석방법</td><td colspan="3">제2절 분석모형</td><td colspan="3">제3절 분석 결과</td><td colspan="3">제4절 소결</td></tr>
<tr><th colspan="12">제V장 공공부문 비정규직의 정규직화 정책 순환과정의 노동계 영향요인</th></tr>
<tr><td colspan="3">제1절 분석 방법</td><td colspan="3">제2절 정책순환과정
모델 분석</td><td colspan="3">제3절 ser-M 모델 분석</td><td colspan="3">제4절 소결</td></tr>
<tr><td colspan="3"></td><td colspan="3">1. 정책집행 및 결과
2. 공무직위원회 설치
3. 분석결과</td><td colspan="3"></td><td colspan="3"></td></tr>
<tr><th colspan="12">제VI장 결론</th></tr>
<tr><td colspan="6">제1절 요약 및 시사점</td><td colspan="6">제2절 연구의 한계 및 향후 과제</td></tr>
</table>

저임금 비정규직 근로자들이 고용안정을 추구하려는 의지가 비정규직의 정규직화 요구로 연결됨을 나타내고 있다.

그리고 정부가 주체가 되는 공공부문 비정규직의 정규직화 정책의 정책순환 과정으로서 계획수립과 집행, 그리고 집행 결과평가 사항이 다시 정책순환 과정에 환류됨을 나타낸다. 동시에 각 정책 순환과정에 노동조합 활동의 영향이 미치고 있음을 나타내고 있으며, 그 결과로 노동계, 비정규직 근로자, 고용노동부 외에 추가로 기획재정부

등 관련 부처가 참여하는 공무직위원회가 새로이 설치되면서 정책순환의 메커니즘으로서 역할 관계를 나타내고 있다. 그리고 환류되지 못하는 정책결과 평가 사항은 새로운 정책의제로 설정될 수 있으며, 새로운 정책 결정이 될 경우, 새로운 정책 집행계획으로 이어질 수 있음을 점선으로 나타내고 있다.

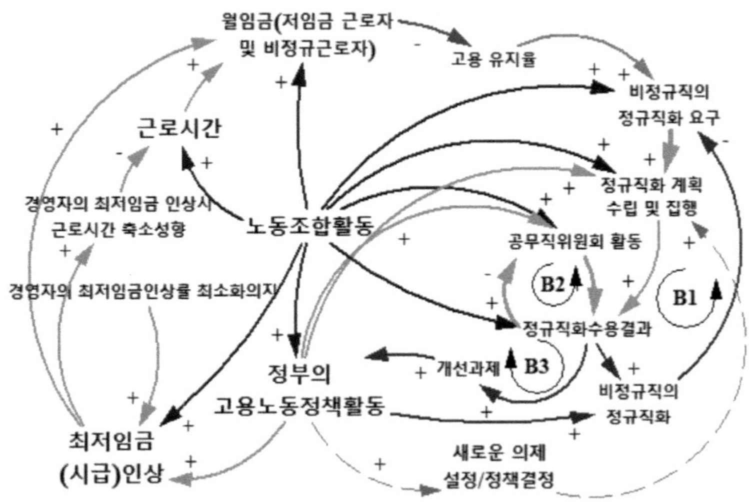

▌그림 1▐ 인과순환지도를 통한 구성도

Ⅱ 이론적 고찰

제1절 최저임금과 근로시간

1.1 최저임금제도의 개요

우리나라 「헌법」 전문에는 '안으로는 국민 생활의 균등한 향상을 기하고'라고 하고 있고, 이어 동 법 제32조 1항에 '국가는 법률이 정하는 바에 의하여 최저임금제를 시행하여야 한다'라고 규정되어 있다. 현행 「최저임금법」 역시 '최저임금제는 근로자에 대하여 임금의 최저 수준을 보장하여 근로자의 생활 안정과 노동력의 질적 향상을 꾀함으로써 국민경제의 건전한 발전에 이바지하는 것을 목적으로 한다'라고 규정하고 있다.

또한 「최저임금법」에 따르면 최저임금의 적용 범위는 근로자를 사용하는 모든 사업 또는 사업장으로 하고, 최저임금의 결정에는 근로자 생계비, 유사 근로자의 임금, 노동생산성, 소득분배율 등을 고려하여야 하며, 사업의 종류별로 결정하는 것도 가능하다. 최저임금액은 시간, 일, 주 또는 월 단위로 결정하되 일, 주 또는 월 단 위로 정하는 경우, 시간급을 표시하게 되어있다. 한편 최저임금위원회 구성은 공익위원 9명 근로자위원 9명, 사용자위원 9명 등 총 27명으로 구성하고 있다.

그러나 최저임금제도가 근로자의 생활 안정과 국민경제의 발전에 이바지하는 긍정적인 면도 있지만, 노동경제학 측면에서는 '임금의 제도적 개입(인위적 개입)은 불완전한 노동시장의 원인이 된다'라고 한다(조우현 · 황수경, 2016). 즉, 노동가격 혹은 노동

공급에서 인위적인 정책적 개입이 현재 상황을 악화시키는 결과를 초래할 우려가 크지만, 대중의 시각에서 이런 효과보다는 단기적인 결과인 명목임금 인상에만 관심을 보이고 잘못된 선택을 할 가능성이 크다는 이론이다.

OECD 등 주요 국제기구는 거시적 측면에서 국가 경제 상황을 판단하는 지표(index)로 고용률 (employment rate) 혹은 실업률(unemployment rate)을 활용한다. 이에 최저임금 효과성에 관한 대다수의 연구는 최저임금 인상이 고용률에 미치는 영향을 분석한 것이다. Card & Krueger (1994) 에 의하면 미국의 경우, 최저임금 인상이 고용을 증가시키는 것으로 보고된다. 다만, Neumark & Washer(2004)의 주장대로 최저임금의 효과는 국가마다 상이하여서 국가별 노동시장의 특성을 고려하여야 하는데, 우리나라의 최저임금과 고용에 관한 대부분의 연구는 최저임금과 고용은 통계적 유의성이 없는 것으로 확인된다(황선웅, 2018; 양준석 · 장윤섭, 2019; 홍민기, 2019; 김태훈, 2019; 이병희, 2008).

또한 최저임금 미만 비율도 고용 형태별 근로 실태조사에 의하면 4.4%, 경제활동인구 부가 조사에 의하면 15.3%로 분석되었다. 즉 최저임금 인상이 임금노동자의 경제 여건을 개선해야 함에도, 근로시간이 단축되거나, 또는 최저임금 미만으로 지급됨으로써 노동자의 월 단위 임금수준은 최저임금의 단위인 시간당 임금이 인상된 비율만큼 인상되지 않는다는 점이다. 실제로 최저임금위원회에서 최저임금의 단위를 시간급으로 결정하면서 고시에는 시간급과 함께 주 40시간제에 따른 '월 소정근로시간이 209시간일 경우의 월급'을 병기하고 있다. 즉, 최저임금 수혜에 걸쳐있는 현장의 노동자는 경영 여건에 의해 근로시간이 단축되어 월 임금수준은 최저임금이 인상된 비율만큼 인상되지 않는 것으로 평가된다.

또한 최저임금위원회는 2007년 '최저임금 적용 효과에 관한 실태조사표본설계'에 대한 학술용역 사업을 시행하였으며, 한국통계학회는 이 용역사업을 수행하여 2007년 5월에 노동부 장관에게 '최저임금 적용 효과에 관한 실태조사 표본설계 최종보고서'를 제출하였다(한국통계학회 2007). 동 보고서에는 '저임금영역을 최저임금의 1.5배 이하'로 규정하였으며, 이후 최저임금 위원회는 최저임금을 기준으로 보았을 때

저임금근로자의 구분을 최저임금의 1.5배 이하로 규정하고 있다(김현중 외, 2023). 따라서 본 연구의 저임금근로자의 범위는 최저임금의 1.5 이하로 한다. 그리고 저임금근로자의 범위 중 최저임금 수혜 수준의 상하 0.4의 범위인 최저임금의 0.5~1.5배 범위를 연구 대상으로 한다.

최저임금의 효과성에 관해서는 그간 국내외적으로 많은 연구가 진행되었다(Card & Krueger, 1994; Cengiz et al., 2019; Jardim et al., 2017; Neumark & Wascher, 2004; 권유진, 2021; 김대일 · 이정민, 2019; 김태훈, 2019 등). 그중 국내에서는 최저임금과 고용 및 근로시간에 관하여 꾸준한 연구가 있었는데, 특히 2018년 최저임금이 16.4% 인상된 이후 많은 연구가 이루어졌으며, 고용이 불안하고 최저임금의 영향을 많이 받는 비정규직에 관한 연구도 많이 이루어졌다.

1.2 최저임금과 근로시간에 관한 선행연구

선행연구 검토에서 최저임금과 근로시간의 관계 연구는 근로시간이 매우 중요한 변수 역할을 하므로 근로시간제도의 변화는 관련 연구에 상당한 영향을 미칠 것으로 추정된다. 따라서 국내연구로서 연구 대상 기간이 주40 시간제가 완전히 정착된 2012년 이전의 연구와 2012년 이전부터 2012년을 포함한 이후의 연구, 그리고 2012년 이후의 연구를 구분하여 검토하며 해외 연구도 함께 검토한다. 아울러 본 연구에서 함께 분석하고자 하는 비정규직에 관한 선행연구도 검토한다.

먼저 2012년 이전의 연구로, 이옥매(2012)는 젊은 층의 고용에 미치는 최저임금의 영향에 대하여 한국노동패널 조사 2~11차 연도(1999~2008)의 개인 자료와 국가통계청의 「고용노동 임금조사」를 활용하여 20~29세의 젊은 층을 대상으로 분석하였다. 분석 결과 최저임금 인상은 젊은 층의 고용과 노동시간에 영향을 미치나, 유의성은 다소 낮은 것으로 보았다. 최저임금과 고용을 분석한 Neumark & Wascher(2006) 역시 최저임금 인상이 여성 청소년 노년층 등 취약계층의 고용에 부정적인 영향을 주는 것으로 분석하였다.

그리고 2012년 이전부터 2012년 이후의 연구로, 신우리 · 송헌재 · 임현준(2019)은 최저임금에 해당하는 노동자의 비율이 임금노동자의 노동시간과 노동 소득에 미치는 영향을 「고용 형태별 근로 실태조사」 원자료와 2011~2017년에 최저임금위원 회가 발표하는 최저임금 심의를 위한 임금 실태 분석보고서를 활용하여 분석하였다. 연구년도 최저임금에 미치지 못하면 '최저임금 영향자'로, 당해 연도 최저임금보다는 높지만 차 년도 최저임금에 미치지 못하는 경우는 '최저임금 적용자'로 정의하여 분석하였다. 분석 결과, 산업 내 최저임금자의 비율이 1%포인트 늘어날 때 최저임금에 영향을 받는 노동자들의 월평균 노동시간은 약 1.3시간 줄어들며, 월평균 급여는 약 14,000원 줄어드는 결과를 보였다.

이경호 외(2019)는 2008~2017년 「고용 형태별 근로 실태조사」 원자료를 사용하여 최저임금 인상이 신규근로자의 고용과 근로시간에 미치는 영향을 추정하였다. 분석 결과 최저임금 인상은 신규고용을 감소시키고 주 근로시간이 15시간 미만인 초단시간 신규근로자의 비중을 증가시키는 두 가지 부정적인 효과가 있음이 나타났고, 여성, 청년층 고령층, 고졸 이하의 집단이 최저임금 인상에 취약한 계층으로 나타났다.

다음으로는 2012년 이후의 연구로, 김유선(2015)은 '최저임금의 수혜자와 미달자'에서 'ILO'는 최저임금 수혜자를 최저임금의 0.9~1.1로 구분한다고 하였다. 김대일 · 이정민(2019)은 2018년 통계청의 「경제활동인구조사」와 「고용형태별 근로실태조사」를 토대로 2018년 기준, 이중차분법을 사용하여 최저임금 인상과 고용의 관계를 밝혔다. 특히 연구에서 최저임금 인상이 최저임금 적용 근로자들의 일자리와 근로시간을 감소시켰을 가능성이 크다고 하더라도, 최저임금 인상이 부적절하다는 것으로 해석되어서는 안 될 것이며, 최저임금 인상이 고용과 분배에 미칠 수 있는 부정적 요소를 최소화하는 범위에서 결정되는 것이 합리적이라고 주장하고 있다.

홍민기(2019)는 통계청의 「경제활동인구조사」 「사업체 노동력조사」와 고용노동부 「고용보험자료」 등 월별 자료를 활용하여 최저임금 인상의 효과를 분석하였다. 그 결과, 평행추세를 가정한 모형에서는 최저임금 인상이 고용을 유의하게 감소시키는 것으로 추정되었으나, 추세의 영향이 집단별로 상이할 수 있는 요인 모형에서는 최저임금 인상이 고용에 영향을 주지 않은 것으로 추정되었다. 추정 결과에 따르면 기업들은 고용량보다는 근로시간을 조정하는 방식으로 대응하였다고 하였다.

김태훈(2019)은 최저임금 인상의 고용 및 임금 효과 분석에 Card(1992)의 분석 방법을 사용하였다. 연구에 2018년 지역별 고용조사 원자료와 경제활동인구 조사의 집계자료를 사용하여 15세에서 64세까지의 인구를 15~24세 청춘 층과 60세 이상 고령층, 그리고 15~64세 여성 인구에 대하여 최저임금 인상의 효과를 추정하였다. 분석 결과 최저임금 인상이 전체 고용률에 부정적인 영향을 미친다는 뚜렷한 증거는 발견할 수 없었으며, 근로자들의 평균 근로시간에 대한 추정치는 음의 값을 가지지만 시간당 임금 상승의 증가로 평균적인 월 급여액은 증가하는 것으로 나타났다. 다만 종사상 지위별로 볼 때 일용근로자들의 고용을 감소시키는 결과를 가져온다고 하였다.

김영민 · 정지운(2019)은 통계청의 지역별 고용조사(B)형을 이용하여 2013년~2018년 사이의 최저임금이 산업별 임금과 산업별 근로시간에 미치는 영향을 추정하고, 산업별 월 평균임금 결정에 대한 모의 분석을 시행하였다. 연구에서 최저임금의 수혜 집단을 최저임금 미만을 받는 집단으로 정의 설정하였다. 분석 결과 최저임금 인상은 시간당 임금 증가와 근로시간 감소라는 어긋나는 효과를 일으키며, 산업별 이질성에 따라 제도의 취지가 무력화될 가능성이 있다고 하였다.

권유진(2021)은 2018년과 2019년을 중심으로 저임금근로자들의 근로시간에 대한 최저임금 인상 정책의 영향을 한국노동패널 조사를 활용하여 분석하였는데, 분석 결과 2018년과 2019년의 최저임금 인상 정책으로 인하여 저임금근로자들의 근로시간이 감소한 것으로 확인되었으며, 2018년과 2019년 정책으로 인한 주 평균 근로시간 감소분은 각각 0.015시간, 0.004시간으로 추정하였다.

홍장표 · 문영만(2022)은 한국 복지 패널 원자료를 이용하여 2018~2019년 최저임금 인상이 고용과 근로소득에 미치는 효과를 분석하였다. 분석 결과, 최저임금 인상이 최저임금 미만자의 근로소득을 10.8~11.7%, 최저임금의 100~120% 노동자의 근로소득은 2.7~4.8% 증가시킨 것으로 확인되었다.

또한, 해외 연구에서 Neumark & Wascher(2000)는 1992년 뉴저지주의 패스트푸드업에 최저임금 인상이 어떠한 영향을 미쳤는지 연구하였는데, 연구 결과 최저임금 인상은 패스트푸드업에 영향을 미치지 않더라도, 최소한 노동자의 노동시간은 줄어들 것이라고 분석하였다.

Jardim et al. (2017)은 시애틀의 모든 업종의 저임금근로자들을 대상으로 분석한 결과, 최저임금을 $13까지 인상했을 때, 근로시간은 9%가량 하락하였고, 임금은 3%가량 상승한다고 소개하였다. 즉 최저임금 인상이 근로시간을 감소시키고 있음을 확인하였다.

Cengiz et al. (2019)은 1979~2016년 사이에 미국의 최저임금 인상이 임금노동자의 분포에 어떠한 영향을 미쳤는지를 분석한 결과, 최저임금 바로 아래 구간의 노동자 비중이 감소하고, 최저임금 바로 위 구간(최저임금~최저임금+0.25달러) 비중을 매우 증가시킨 것으로 분석되었으며, 최저임금 인상과 고용에 있어서 최저임금보다 0.75달러 높은 구간까지만 고려해도 고용에 부정적인 영향을 미치지 않는 것으로 나타났다.

1.3 정규직과 비정규직의 분류

'비정규직'이란 고용관계의 차이의 다양화에서 나타난 것으로서 비정규직 근로자의 공통적인 특징은 기간의 정함이 있는 근로계약을 체결하고 있다는 점이다. 우리나라에서는 2002년 5월 6일 노사정위원회 비정규직 대책 특별위원회에서는 비정규직 개념을 고용 형태에 따라 각각 한시적 근로자, 시간제근로자, 비전형 근로자의 3가지 유형으로 분류키로 합의하였다(김수복, 2014). 노사정위원회가 합의한 비정규직 정의에 따르면 한시적 근로자에는 기간제와 비기간제 근로자가 포함되며, 비전형 근로자에는 파견근로 용역근로 특수형태근로 가정내 근로, 일일(단기) 근로가 포함된다. 그러나 그동안의 선행연구에서는 비정규직의 범위를 다르게 분류하였다.

김연명(2010)은 비정규직의 사회보험 사각지대 규모와 실태의 재검토를 위한 분석에서 정규직의 국민연금 가입률이 김유선의 방식대로 하면 98%이나, 정부의 방식대로 하면 78.9%로 떨어지는 것으로 나타났다. 이는 사회보험에서 적용이 제외된 비정규직이 정규직으로 포함됨으로서 전체적으로 정규직의 사회보험률이 떨어지는 것으로 분석하였는데, 김유선(2009, 2021)은 기존의 노사정위원회가 합의한 비정규직 범위를 확대하고 세분화하고 있는데, 비정규직의 범위에 장기 임시근로, 한시 근로, 기간제 근로, 시간제근로, 호출근로, 특수고용, 파견근로, 용역 근로, 가내근로를 포함해 정의하고 있다. 이러한 결과로 정부의 비정규직 범주 설정이 전체적으로 큰 의미가 없는 것으로 분석하였다.

백학영(2013)은 정규직과 비정규직의 월 임금은 근로시간의 차이에 의해 크게 결정되는 것으로 주장하였는데, 근로시간 차이 추정은 정규직과 비정규직의 월 근로시간을 주당근로시간에 4.3을 곱한 값으로 계산하여 그 차이를 산출한 후, 비정규직이 정규직의 월 근로시간과 같다고 가정할 때의 월평균 임금을 추정하는 방식을 취하였다. 분석 결과 정규직과 비정규직 근로자의 임금 불평등과 빈곤 위험을 완화하기 위해서는 차별 해소와 함께 근로시간 확대를 위한 정책적 접근이 필요하며 그 정책적 접근은 연령집단과 고용형태에 따라 차별화될 필요가 있음을 보여주고 있다.

정도범(2018)은 2013년도부터 2016년도까지 청년 패널조사 데이터를 활용하여 정규직과 비정규직의 직장 만족도에 대해 분석하였다. 분석 결과 비 정규직 근로자는 정규직 근로자와 비교하면 직장 만족도가 낮다고 분석되었는데, 연구에서 정규직과 비정규직의 구분 기준은 응답자의 답변으로 하였다.

또한 금재호 · 최재문(2021)은 정규-비정규직 임금 격차의 추세와 원인에 대하여 밝히고자 하였는데, 2004년 8월과 2019년 8월 두 시점을 분석 대상으로 한정하여 Juhn-Murphy-Pirec(1991, 1993) 분해 방법을 적용하였다. 이 연구 방법을 JMP 분해 방법이라고 하며, 서로 다른 두 시점 간의 시계열 변화 분석이 용이하다. JMP 분해를 시행한 결과 16년 동안 정규직과 비정규직의 임금 격차가 3.7% 확대된 것으로 나타났다. 연구에서 정규직과 비정규직의 구분 정의는 노사정위원회 비정규특위에서 정의한 비정규직 정의를 사용하였다.

본 연구에서는 위 김연명의 연구결과를 받아들여 김유선의 분류방식을 적용하였다.

제2절 저임금근로자의 노동조합 임금 효과

2.1 노동조합 임금 효과의 개념

우리나라 헌법은 노동 3권을 보장한다. 헌법 제33조 1항은 '근로자는 근로조건의 향상을 위하여 자주적인 단결권 단체교섭권 및 단체행동권을 가진다'라고 명시하고 있다. 김장호(1991)는 노동조합이 노동시장에서 미치는 영향은 미시적 측면에서는 개별기업의 임금, 근로시간, 고용 안정성 등이며, 거시적 측면에서는 임금수준, 물가, 생산성, 소득분배율 등으로 정의하였다. 그러나 노동조합의 국민경제적인 영향을 분석하기 위해서는 미시적 분석이 필요하며, 그중에서도 개별기업의 임금수준에 미치는 영향을 기본적인 시발점으로 보고 있다.

실증 연구들은 노동조합의 임금 효과에 대해 일치된 결과를 도출하지 못했다. 노동조합의 임금 프리미엄을 인정한 연구로써 McDonald & Slow(1981)는 미국의 노동조합이 노동력 공급의 독점적 지위를 이용하여 임금을 상승시킨다고 하였으며, Card(2001)는 미국에서는 노조의 조직률이 떨어짐에 따라 임금 불평등이 증가한다고 하여 노동조합의 임금 프리미엄을 인정하였다. 그러나 노동조합의 임금 프리미엄을 인정하지 않은 연구로, Rosen(1986)은 노조의 유무로 임금 효과를 논하는 것은 문제가 있다고 하면서 그 이유는 근로조건이 열악한 곳에 노조가 설립될 가능성이 크므로 이러한 곳에서는 노조가 없더라도 보상적 격차를 주었을 것이라고 하였다.

또한 Nickell & Wadhwani(1990)는 기업주의 지불 능력과 노동조합의 교섭력에 따라 같은 조건을 가진 노동자가 서로 다른 임금을 받을 수도 있다고 하였다. 국내에서도 김장호(1991)는 '1987년 이후 노동조합의 임금 효과가 유의한 양(+)의 효과를 본다'라고 하였지만, 김우영·최영섭(1996)은 '우리나라 전체 월급생활자 전체를 대상으로 할 때 노동조합의 임금 효과는 존재하지 않는다'라고 하였다.

노동조합의 임금효과를 둘러싸고 몇 가지 이론이 존재한다. 먼저 Solow(1985)의 내부자-외부자 이론(insider-outsider theory)이다. 내부자-외부자 이론에 의하면 노동조합은 교섭력을 바탕으로 내부자인 조합원들을 외부 시장의 경쟁 밖으로 빼내서 상대적 임금 효과인 노조의 임금 프리미엄을 확보하려고 한다. 따라서 노동조합은 고용이 감소하여 내부자의 규모가 작아지더라도 외부자의 진입을 억제하며 비정규직의 고용을 활용한다. 이러한 직접적 효과와 더불어 간접적으로 비 조직 부문에 영향을 미친다는 파급효과(spillover effect)와 위협효과(threat effect) 이론이다.

노동조합의 교섭력으로 임금이 높아지면 노동자들이 몰려들 수는 있으나 기업주들은 고용을 축소하거나 고용 증가를 회피한다. 이에 따라 실업의 노동자들은 무노조 기업으로 더 많이 몰려들어 무노조 기업의 임금은 하락하고 저임금의 고용이 증가하는 '파급효과'가 발생한다. 또한 무노조 기업주들은 노조가 설립되어 임금이 높아지는 잠재적 위협에 대응하기 위해 선제적으로 임금을 인상 시키는 '위협효과'가 발생한다는 이론이다.

임금인상 활동은 크게 2가지로 분류할 수 있다. 노동조합이 있는 사업장에서 집단적 단체교섭을 통한 임금인상 활동과 노동조합이 없는 사업장에서 개별교섭 내지는 사용자의 선의에 의존하는 활동으로 분류할 수 있다. 노동조합의 임금 프리미엄은 노동조합이 있는 사업장과 없는 사업장의 임금 차이이며, 이를 노동조합의 임금 효과라고 할 수 있다. 노동조합이 있는 사업장과 노동조합이 없는 사업장의 임금 효과를 추정하기 위해서는 개인의 교육, 연령, 산업, 거주지역, 기타 관찰되지 않은 특성까지 통제한 후 노조 존재 여부에 따른 임금 격차를 추정해야 한다(조우현·황수경 2016).

본 연구에서 저임금근로자의 범위를 최저임금의 1.5배 이하로 분류한다. 그 이유는 본 연구의 본장 1절의 1, 최저임금제도의 개요에서 밝힌 바와 같이 최저임금위원회는 학술적 용역사업을 거쳐 저임금근로자의 범위를 최저임금의 1.5배 이하 규정하고 있으며, 또한 근년에 최저임금에 대한 국민적 관심사가 높아져서 근로자들이 임금 척도에 대한 이해도가 높기 때문이다.

2.2 노동조합 임금 효과에 관한 선행연구

그동안 국내외에서 논의되었던 노동조합이 임금에 미치는 효과와 임금 불평등 해소에 미친 영향을 중심으로 최저임금 인상과 임금에 관한 연구 등을 검토한다. 먼저 임금 불평등 해소와 관련된 선행연구를 보면, 김장호(1991)는 우리나라 제조 부문에서의 노동조합 유무별 임금 결정 메카니즘의 차이에 관하여 1988년 최저임금위원회의 임금 실태조사 미시자료를 활용하여 분석한 결과 상대임금 효과는 남자 2.5% 여자 3.0%로 분석하였다. 해외 연구에서 McDonald & Slow(1981)는 '노동조합이 노동력 공급의 독점적 지위를 활용하여 임금을 상승시킨다' 고하였으며 DiNardo et, al.(1996)은 노동조합이 상위 10% 계층에서 임금 불평등을 완화 시키는 것으로 분석하였다. Blanchflower & Bryson(2002)은 17개국의 노동조합의 임금 프리미엄을 12% 정도로 추정 분석하였으며, 노조의 프리미엄은 경기변동과는 반대로 움직이는 경기 역행적(counter-cyclical) 모습을 보인다는 것이 미국과 영국에서 실증분석으로 입증되었다고 하였다.

김황조·성백남 · 최강식(2004)은 1987~2001년 사이에 우리나라 노동조합 임금 프리미엄을 분석한 결과, 실업률과 노동조합 조직률은 노동조합 임금 프리미엄과 정(+)의 관계, 인플레이션율과 노동조합 임금 프리미엄은 부(-)의 관계가 있는 것으로 나타났다. 이정현(2004)은 한국의 노조를 누가 이끌어 왔는가를 추론하였는데, 1987년부터 1994년까지는 저임금 미숙련노동자에 대한 임금 효과의 크기가 임금 분포상의 중상위 고임금 노동자의 임금 효과보다 커서 저임금노동자를 위한 조직이었음을 밝혔다. 그러나 1990년대 중반부터 오히려 중위임금 노동자의 노조 임금 효과가 가장 크게 나타났으며 1996년부터는 임금이 상위에 존재하는 숙련 고임금 노동자의 노조 임금 효과가 가장 크게 나타나는 결과를 보였다. 이는 한국의 노동조합이 1990년대 후반부터 고임금 노동자를 위한 조직으로 그 성격이 변모하였음을 시사한다고 하였다.

류재우(2007)는 노동조합이 임금수준 및 분포에 미치는 효과를 분석한 결과 1987년 이전에는 노동조합의 임금 효과가 음(-)으로 나타났으나, 1987~1990년에는 1~

10%의 임금 프리미엄이 관찰되었다. 김장호(2008)는 10인 이상 사업장의 상용직을 대상으로 노조 유무별로 내부 임금 구조의 차이를 고려하여 1988년 이후 20년간 추정한 노조의 임금 프리미엄은 평균 3.4%였다. 시기적으로는 1997년 이전에는 1.7%였으나 그 이후에는 5.1%로 급증한 것으로 분석하였다.

조동훈(2008)은 패널자료를 이용한 노동조합의 임금 효과를 분석한 결과, 추정 계수가 0.021로 약 2.1% 상승시키는 것으로 나타났다. 노용진(2011)은 한국노동연구원의 사업체 패널조사 1~2차 연도 자료를 활용하여 2000년대 중반 노동조합의 임금 교섭 성과를 분석하였다. 분석 결과 2005년에는 노동조합의 존재가 임금 인상률에 미치는 영향이 통계적으로 유의하지 않았지만, 2007년에는 통계적으로 유의한 음(-)의 값을 가지고 있는 것으로 분석하였다.

신우리 · 송헌재(2016)는 우리나라 노동조합이 여성 근로자들의 임금을 상승시킨다는 실증적 증거를 발견하지 못했다고 하였다. 이병희(2017)는 1987~2016년 사이 노조가 임금 불평등에 미치는 영향을 분석하였다. 분석 결과 노조가 임금 불평등을 억제하는 역할을 해왔으며, 임금 분배개선을 위해 노조조직률의 제고와 초기업적교섭의 활성화가 필요하다고 하였다.

해외 연구에서 Wang & Lien (2018)은 2013년 중국 쑤저우 산업부문의 농촌 이주 노동자를 대상으로 분석한 결과 특히 임금의 하위 분포에서 노조 가입 임금 효과가 큰 것으로 분석하였다. Merkle & Phillips(2018)은 교사노조의 임금 영향에 관하여 메타 분석한 결과, 평균임금 영향을 약 2~4.5%로 분석하였다.

김창오(2020)는 노동조합이 2000년대 이후 근로자의 임금 불평등에 대하여 어떠한 영향을 미쳤는지를 규명하기 위한 연구를 하였다. 연구에 2003~2017년 사이의 경제활동 부가 조사를 사용하여 지니계수로 측정하여 분석하였는데, 분석 결과 노동조합은 2011년까지 전체 임금 분포의 지니계수를 0.011~0.025정도 낮추었으나, 2012년 이후에는 노동조합의 임금 평준화 효과는 유의하게 감소하였다.

김정우(2022)는 초기업 단위의 교섭과 임금 불평등에 관한 연구를 통하여 초기업 단위의 교섭 및 교섭 범위 확대가 기업 단위 교섭에 비해 저임금 분위 노동자들의 임금을 유의하게 높이고 고임금 분위 노동자들의 임금을 낮춰 장기적으로 임금 불평등을 감소시키는 것으로 분석하였다. 해외 연구에서 Schmidt(2022)는 덴마크 기업 내의 단체 임금 교섭의 형태를 보이는 지역 임금 교섭이 덴마크, 스웨덴, 독일, 폴란드의 국경을 넘나드는 통근자 간의 임금 격차를 줄이는 것으로 분석하였다. 임금 격차는 6~12% 사이인 것으로 나타났으며, 개별 노조 가입이 임금 격차를 줄이는 것으로 분석하였다.

또한 최저임금 인상과 임금에 관한 연구로 김영민(2013)은 최저임금 변화가 고용과 임금 불평등에 미치는 효과 연구에서, 최저임금 상승이 임금 불평등을 억제하는 것으로 분석하였다. 홍장표 · 문영만(2022)은 2018~2019년 최저임금 인상과 고용 및 근로소득의 관계를 분석하여 최저임금 인상이 최저임금 미만자의 근로소득을 10.8~11.7%, 최저임금 100~120% 노동자의 근로소득은 2.7~4.8% 증가시킨 것으로 분석하였다.

이상과 같이 기존 연구들은 임금 불평등을 분석하는 과정에서 저임금근로자를 포함한 전체 근로자에 대한 분석은 국내(김창오 2020)와 국외(Western & Rosenfeld, J. 2011)에서 있었지만, 노동조합 활동이 저임금근로자의 임금에 어떤 영향을 미치는지 분석하지 않았다. 이는 최저임금제도에 의해 저임금근로자들의 임금이 결정되고, 또한 저임금근로자들의 노동조합 가입률이 낮아서 노동조합의 임금 효과는 존재하지 않으리라고 예측하였기 때문으로 추정된다.

제3절 고용노동정책과 노동계의 영향요인

3.1 공공부문의 비정규정책

비정규직과 정규직의 차이는 여러 방법으로 구분할 수 있겠으나 크게는 근로계약, 근로시간, 근로 제공 방식, 근로 장소 등으로 구분할 수 있으며 대체로 '정규노동이 아니다'라는 의미로 '비정규노동'으로 규정 분류하고 있다(김수복, 2014). IMF 이후 정부는 공공부문에서 신공공관리론(김규정. 1998)에 따라 비정규직을 확대하면서 '작지만, 효율적인 정부'를 추구하였다. 또한 신공공관리론에서는 '공익은 소극적으로 정의되어 시장이나 민간이 스스로 할 수 없는 일을 정부가 떠맡는다(Peters, 1996)'라고 한다.

그렇지만 효율성을 말할 때 많은 경우 차별의 사회적 비용은 간과된다(조우현. 황수경, 2016). 이에 따라 정책의 효율성보다도 시민의 삶의 질을 향상하는 데 이바지했는지를 더욱 중요하게 보면서 민주적 시민 이론과 조직 인본주의에 기초하고, 사회적 형평성과 대응성을 강조하는 신공공서비스론이 등장하였다(박연호.이종호. 임영제, 2018). 신공공서비스론에서는 '정부는 더욱 능동적인 자세로 서비스 공급 주체 그 이상의 역할로 국민에게 최상으로 봉사하는 목표를 우선에 둔다(Denhardt & Denhardt, 2003; 2007)'라고 한다.

이러한 신공공서비스론과 맞물려 비정규직 문제를 해결하려는 정책 결정이 이루어지기 시작하였다. 연구 배경에서 살펴본 바와 같이 노무현, 이명박, 박근혜 정부에서는 비정규직 문제를 개선하기 위한 정책을 시행하였다. 이어서 문재인 정부는 2017년 5월 공공부문의 비정규직을 정규직으로 전환하겠다고 발표하였다. 이는 역대 정부의 공공부문 비정규정책의 기조를 이어가면서 내용과 방법을 진일보하여 의제를 설정한 것으로 신공공서비스론에 입각한 정책집행을 더욱 구체적으로 강화하였다.

그러나 신공공서비스론에 의한 정부의 비정규정책에 대하여 비판적 논의도 있었다. 변양규(2013)는 '비정규직의 정규직 전환 의무화는 고용 창출에 부정적인 영향을 미치며, 오히려 정규직의 고용 보호를 완화하려는 접근이 필요하다'라고 하였다. 또한 우광호(2015)는 '노동 사용규제를 통해 비정규직 근로자를 보호하려는 정책이 오히려 고용불안과 다른 비정규 근로 형태로 전환되는 풍선효과를 가져왔다'라고 하였다. 김희성(2015)은 정부가 발표한 비정규직 종합대책은 '비정규 보호에만 초점을 맞추고 기업이나 시장의 입장은 도외시하고 있다'라고 하면서, 정규직과 비정규직 간의 격차 해소를 위한 근본 처방은 해고규제를 완화해 정규직에 대한 노동비용을 낮추는 것'이라고 하였다.

3.2 비정규직의 정규직화 계획

문재인 정부는 비정규직의 정규직화 정책에 있어서, 이전 정부에 비해 지방자치단체 출연 출자기관, 공공기관 지방공기업 자회사 및 민간 자회사 등으로 확대하며 파견·용역 및 민간 위탁 종사 근로자까지 정규직 전환 대상으로 확대하였다. 또한 전환기준인 상시·지속 업무 판단도 과거에는 '연중 10~11개월 이상 계속'이었으나 '연중 9개월 이상 계속'으로 기간을 단축해 개선하였고, '과거 2년 이상 지속'은 삭제하여 개선하였으며, '향후 2년 이상 지속 예상'은 그대로 존속시켰다. 추진체계에서도 별도의 전환심의위원회와 노사전문가협의회를 구성 운영하였다. 채용방식에도 최소한의 평가인 제한경쟁과 경쟁 채용을 허용하였다(황선웅, 2018).

노동계의 연합단체인 한국노총은 2017년 5월 성명서를 통해 정부의 비정규직의 정규직화 정책을 환영한 바 있다. 또한 2017년 6월 20일 한국노총은 일자리위원회 정책간담회에서 노동계의 실질적 참여를 보장해야 노동 존중 일자리가 창출된다고 하였다. 이에 정부는 전환 대상 결정방법 및 전환방식에서는 먼저 기간제는 내·외부인사 6~10명으로 구성하는 전환심의위원회에서 전환을 결정하고, 파견·용역직은 '노·사 및 전문가협의회'를 통해 정규직 전환을 결정토록 하였다.

〈표 2〉는 공공부문 무기계약직 및 비정규직 현황이다. 채용방식 및 임금체계에서 채용방식은 '고용승계'와 '공정채용'의 조화를 이루는 방향으로 결정하고, 가이드라인 발표 시점 현재를 기준으로 정규직 전환을 원칙으로 하였다. 전환 시기는 기간제의 경우 바로 정규직 전환을 추진하고, 파견·용역은 현재의 업체와 계약기간 종료 시점에 전환하며, 가능하면 민간업체와 전환 시기 단축을 협의토록 하였다. 전환 대상은 1단계로 중앙정부, 지방자치단체, 공공기관, 지방공기업, 국공립 교육기관, 2단계로 자치단체의 출연 출자기관, 공공기관 및 지방공기업의 자회사, 3단계로 민간 위탁기관이었다.

| 표 2 | 공공부문 무기계약직 및 비정규직 현황 (단위: 명)

소속	총원	정규직		비정규직		
			무기계약		기간제	파견용역
중앙부처	310,982	290,094	20,582	20,888	13,295	7,593
자치단체	401,647	350,637	52,939	51,010	40,424	105,86
공공기관	431,760	318,573	24,676	113,187	40,134	73,053
지방 공기업	70,055	55,429	9,466	14,626	8,759	5,867
교육기관	634,109	521,932	104,287	112,177	88,621	23,556
합계	1,848,553	1,536,665	211,950	311,887	191,233	120,655

주:1) 고용노동부의 통계(184만명)와 통계청 일자리 통계(233만명)의 차이:
(고용노동부) 중앙정부·지방정부·공공기관·지방공기업·국공립학교
(통계청) 고용부, 헌법기관, 자치단체 출자·출연기관, 직업군인 · 군무원 등
자료: 관계부처합동(2017). 공공부문 비정규직근로자 정규직전환 가이드라인 설명자료

3.3 정책 순환과정론 및 ser-M 모델 이론

정책이란 문제를 해결하고 변화를 유도하기 위한 활동이다(Lasswell, 1975). 정부의 정책활동에 대하여 유훈(2016)은 '정책 과정의 순환성'을 주장하며 정책결정, 정책집행, 정책평가환류의 단계적 순환과정 속에서 한쪽으로의 작용뿐만 아니라, 단계 간의 상호 교호 작용이 있음을 강조하고 있다. 즉, 정책의 순환과정 속에서 상호작용의 메카니즘이 작동되고 있음을 말하고 있다.

한편 정책 순환과정론의 부족한 점을 해결하고, 기존 정책 결정에 점증적으로 변화하는 다른 동태적인 변화에 주목하면서 정책을 독립변수로 파악하려는 움직임으로 정책변동론이 등장하였다. 정책변동론은 정책순환의 최종 평가 후의 단계를 중시하며, 이 단계에서 나타날 수 있는 것이 정책유지, 정책종결, 정책승계, 정책혁신 등 4가지 유형을 들고 있다(박연호 외, 2018).

따라서 정책변동론에서는 평가 이후에 환류되지 않고 있는 문제를 중심으로 새로운 정책의제를 설정하고, 새로운 정책 결정이 이루어진다고 본다. 이에 본 연구는 정책순환과정론에 따라 문재인 정부의 공공부문 비정규직 정책의 순환과정에서 노동계의

영향요인들이 어떠한 영향을 미쳤는지와 어떠한 결과평가가 있었는지, 그리고 결과평가가 환류되어 정책에 반영되었는지를 분석하고, 개선과제를 도출한다.

한편, 기업경영전략의 ser-M 이론은 기업경영 성공의 요소를 주체(s) 환경(e) 자원(r)으로 나누고, 각 요소가 긴밀한 상호관계를 이루는 메카니즘을 통해 기업가치를 창출한다는 이론이다. 20세기 초부터 2000년대까지는 위 3요소를 중심으로 주체(s)기반관점, 환경(e)기반관점, 자원(r)기반관점으로 변환되어왔다. 그다음으로 그동안의 이 세 가지 관점을 통합하고 미래의 발전에서의 문제점을 보완하는 과정으로 메카니즘(M)기반관점이 제4의 관점으로 설명되었는데, 이를 ser-M 모델이라 한다.

여기서 메카니즘이란 프로세스를 반복적으로 일으켜서 유기체의 목적을 달성하려는 주체 환경 자원의 동태적 결합(조합/순열/시간)의 원리라고 정의하며, 경영학에서는 이를 조직을 운영하는 근본 원리로 본다(조동성, 2014). 그동안 기업의 전략이론은 주체기반관점에서는 최고경영자의 역량, 환경기반관점에서는 기업을 둘러싼 환경요인, 자원기반관점에서는 기업 내부의 독특한 자원에 의해 기업의 성공 요인을 설명한다.

그러나 이러한 원리로는 기업이 추구하는 목적이 하루아침에 이루어지지는 않는다. 왜냐하면 기업의 목적은 주체, 환경, 자원이 결합하여 이루어지는 사업 활동, 즉 프로세스에 의해 달성되기 때문이다. 바로 이 프로세스를 만들어 내기 위한 설계도가 바로 메카니즘이다. 그러므로 기업은 주체, 환경, 자원을 결합해서 메카니즘을 만든 다음, 메카니즘에서 원하는 프로세스를 산출한다.

그리고 메카니즘(M)기반관점에 의하면 기업경쟁력에 영향을 주는 주체, 환경, 자원의 요인이 상호 작용으로 조합하고, 우선순위에 의한 순열과 작동하는 시간에 의해 메카니즘이 창출되며, 조직의 성과도 달라진다. 이러한 메카니즘은 기업 내에 구축되어 온 기업의 운영원리 내지는 경영방식에 의해 결정된다고 설명한다.

여기서 주체(S) 환경(E) 자원(R)의 3요소의 우선순위를 다르게 하는 순열에 의해 환경창조메카니즘(S-E-R) 자원창조메카니즘(S-R-E) 환경혁신메카니즘(R-S-E) 자원혁신메카니즘(E-S-R) 환경적응메카니즘(E-R-S) 자원적응메카니즘(R-E-S) 등 서로 다른 6가지 유형의 메카니즘을 만들어 낼 수 있다.

이러한 메카니즘기반관점은 기업이 지속적 경쟁우위를 가지는 데 있어서 메카니즘이 설명력을 갖는다는 전략경영이며, 주체 환경 자원이 오랜 시간 결합하면서 구축되어 온 기업의 운영원리를 독립변수로 보는 것이다.

3.4 노동계의 영향요인과 선행연구

〈표 3〉은 공공부문 비정규정책에 관한 선행연구들을 정리 분석한 결과표이다. 선행연구들은 문재인 정부의 비정규직의 정규직화 정책에 대하여 역대 정부보다 진일보한 점은 인정하면서도 1) 직접고용에 있어서 생명 안전 업무의 기준이 명확지 않음 2) 직접고용 무기계약직제의 문제와 간접고용 자회사의 남발 3) 표준임금 체계의 문제점 4) 공무직제 신설 미비 및 신설시 명확한 관리기준의 필요성 5) 상시지속 업무의 예외사유의 경직성 6) 노사관계 구조의 미비점 등을 지적하고 있다. 또한 정책 순환과정에서의 정책집행의 평가와 개선과제를 제기한 연구로는 황선자, 김형탁, 장희은(2018), 황선웅(2018), 노광표(2019) 등이 있다.

| 표 3 | 공공부문 비정규정책에 관한 선행연구

연구자	제 목 분석내용 및 정책의 비판	시사점
김혜진 (2016)	**공공부문 비정규노동조합의 임금체계 개편 활동과 직무급제에 대한 인식** 공공부문의 무기계약직에서 진행되고 있는 임금체계개편은 오히려 정규직, 무기계약직, 기타비정규직이라는 새로운 계층구조를 만들어 내고 있다고 비판하였다.	무기계약직의 임금체계 개편은 정규직과 함께 이루어져야 형평성과 수용성을 높일 수 있다.
김기우 남우근 엄진령 (2017)	**공공부문 무기계약직 처우개선 방안** 중앙행정기관에 대하여는 1) 임금 편성 비목을 인건비목으로 편성 2) 관리 및 보수 규정의 부처 간 통일 3) 공무직 신분 부여의 필요성이 있으며, 지방자치단체에 대하여는 1) 임금체계 및 임금수준의 편차 개선 2) 정원 삭감 규정을 개선 3) 승급체계가 부재하여 개선 4) 공무직제의 필요성이 있다고 분석하였다.	공무직제 신설 필요성은 1) 고용 안정 2) 권리 보전 3) 임금격차해소 4) 불합리한 중층적 고용관계 방지 등이다.

연구자	제 목 분석내용 및 정책의 비판	시사점
유성규 고경섭 김유경 이진아 황재인 안현경 (2017)	**공공부문 비정규직 고용현황과 과제** 문재인 정부와 과거 정부의 정책 차이점으로 1) 전환 대상 기관과 전환 대상 노동자의 차이 2) 상시지속 업무 판단 기준의 차이 3) 전환 예외 사유 및 절차의 자이 4) 전환 절차의 차이 5) 무기계약직 처우개선의 차이가 있다고 분석하였다.	완전한 정규직 전환과 근로조건을 단계적으로 개선시키고 , 정규직 전환 정책을 민간부문으로 확산시켜야 한다.
김종진 (2017)	**공공부문 비정규직 정규직화 가이드라인 평가와 과제** 비정규직 정책의 로드맵이 성공하기 위해서는 제도개선, 기재부의 총인건비 문제가 해결되어야 하며, 공공기관은 사회적 가치 실현과 지속이 가능한 조직 운영을 책임져야 한다.	기재부의 총인건비 제도의 문제점을 제기하였다.
황선자 김형탁 장희은 (2018)	**공공부문 비정규직 정규직화 중간 점검과 개선 방안** 문재인 정부의 비정규정책 3단계 중 2단계가 추진 중임. 문제점으로 무기계약직 전환은 차별과 격차가 존재하며, 자회사방식으로 전환 시의 기준 및 상시지속 업무의 예외사항 기준이 명확지 않으며, 공공기관 노사 간의 단체교섭에 개선할 필요가 있다.	각 부를 총괄하는 컨트롤타워 구축, 예산 및 정원 확충, 고용 및 인사 관리 체계 개선이 필요하다.
황선웅 (2018)	**문재인 정부 1년 공공부문 비정규직 정책평가** 정책의 평가에서 과거의 정책보다 진일보한 정책 사항은 전환 규모 확대, 간접고용까지 전환 대상 확대, 상시 지속성 판단 기준의 완화, 전환 예외 사유를 17개 사유에서 인적 특성 2개와 업무 특성 5개로 축소한 부분이다. 정책의 한계로 비정규직의 절반이 넘는 241,000 명을 전환 대상에서 제외하였으며, 정원 및 예산 확대 방안이 제시되지 않았다. 정부 표준임금 체계는 저임금 불평등 해소라는 정책 목표에 부합하지 않는다. 노동조건 개선 조치가 미흡했으며, 간접고용과 경쟁 채용방식을 정규직 전환으로 공식적으로 인정한 것, 생명 안전 업무의 직접 고용에 구체적 기준이 없다는 것을 지적하고 있다.	
노광표 (2019)	**문재인 정부 1기 노동정책 평가 및 향후 과제** 정책의 문제점으로 먼저, 자회사의 경우, 파견 · 용역 업체와 유사한 경영 양태를 보인다. 두 번째는 표준임금 체계로서 노조와의 협의 없이 임금수준 및 체계를 결정했다. 세 번째는 정부는 노사관계 교섭구조 설계를 담당할 주무 부처가 없다. 네 번째는 민간부문을 포함한 전체 고용구조를 개선하는 마중물 역할을 하지 못하고 있다. 노동조합도 '일자리-임금-복지' 연대 전략에서 조직 노동의 고립된 섬에서 나와, 노동정책 대안과 사회개혁 방안을 국민과 노동대중에게 책임 있게 제시하고 공론화해야 한다.	

연구자	제 목 분석내용 및 정책의 비판	시사점
김기우 이종수 박선규 (2020)	공무직 현황과 노동조합의 과제 문재인 정부의 공공부문 비정규직의 정규직화 정책 문제점에 대하여, 청년층을 중심으로 공정성의 논란, 공무원과 공무직 간 임금 격차에 따른 임금체계의 표준화 작업, 공무직 산별노조구성, 공무직 인사관리 시스템 구축, 근속수당 마련, 업무수행 권한 공식화 등의 마련이 필요하다고 하였다. 또한 공무직 법제화, 인사관리 체계화 및 공무직위원회의 적극적인 활용을 들고 있다.	공무직 노동조합의 과제로 대정부 교섭체계 구축방안을 고려해야 하며 공무직 산별 노조 구성이 필요하다.
김희성 이재현 (2022)	**정규직 전환에 따른 근로조건 설정 기준** 입법·정책적으로 '동종·유사 업무' 기준을 명확하게 설정하는 데에는 근로자가 수행하는 업무뿐만 아니라 입직 경로와 직무능력, 역량 등도 종합적으로 고려될 필요가 있다. 차별적 처우 판단에 있어서는 동종·유사 업무 존재와 함께 차별에 대한 합리적 이유를 검토해야 하며, 근로조건의 차등 설정에는 '합리성' 판단 기준을 추가로 설정하여 당사자의 의사와 경영상 판단이 존중될 필요가 있다.	동종 · 유사업무 기준에 입직 경로, 직무능력 고려해야 하며, 차별적 처우 판단에 합리적 판단 기준과 당사자의 의사와 경영상 판단이 필요하다.

〈표 4〉는 그동안 문재인 정부의 비정규직 정규직화 정책이 발표되고 집행과정에서 한국노총을 비롯한 산하 산별 연맹이 표명한 노동계의 영향요인의 내용이다. 한국노총을 중심으로 한 노동계의 입장은 '1) 근로조건 저하 없는 정규직화여야 한다 2) 전환 논의에 노동자가 참여해야 한다 3) 직접고용 무기계약직 제는 정규직으로 볼 수 없으며, 자회사를 남발하여 간접고용으로 한다 4) 정부가 마련한 표준임금 체계는 저임금을 고착화한다.

5) 예산과 인원이 미비하다 6) 상시 지속적인 업무를 판단하는 기준의 미비로 상시 지속적인 업무를 수행하는 사업장을 민간 위탁으로 잘못 분류하였다 7) 공무직 제 신설 미비 및 공무직 처우개선이 미비하다 8) 자회사 운영을 모 기관과 공동책임 운영해야 한다 9) 공무직 예산에 물가 인상률과 최저임금 인상률을 반영해야 한다 10) 공무직위원회의 역할증대와 존속해야 한다' 등이다.

선행연구와 노동계의 영향요인에서 비정규직의 정규직화 정책을 공통적으로 비판하는 것은 정책집행의 기준이 정립되지 않았다는 데 있다. 즉, 생명 안전 업무의 기준,

상시 지속적인 업무의 기준, 자회사로의 간접고용과 무기계약직으로의 직접 고용의 전환기준, 표준임금 체계의 원칙 기준, 공무직 제 신설 미비 등이다.

| 표 4 | 노동계의 영향요인

일 자	종 류	주요 영향요인
2017.5.12	성명서	비정규직의 정규직화 정책 환영한다!
2017.6.20	일자리 회의	"노동계의 실질적 참여 보장" 요구함.
2017.7.20	성명서	공공부문 비정규직 정규직 전환 가이드라인에 대한 입장을 표명함.
2017.8.8	일자리 회의	비정규직의 정규직 전환 예외 사유는 매우 제한적으로 추진할 것을 요구함.
2017.8.16	관계처 문서전달	정규직 전환추진 시, 노동조합과 사전 협의하여 의견을 수렴할 것을 요구함.
2018.2.19	성명서	-근로조건 저하를 전제로 한 비정규직의 정규직화를 반대한다! (한국철도사회산업노동조합)1)
2018.2.27	성명서	국민의 생명 안전 지킬 분야의 정년 65세 이상, 반드시 지켜라! (한국철도사회산업노동조합)
2018.5.31	성명서	-정규직화 정책, 2단계 가이드 라인에 대한 비판- 1단계에 고용안정 대책 부실 문제가 드러났음에도 예산과 인원 미확충한다! 전환논의기구에 노동자 배제하고, 자회사 전환 남발한다!
2018.8.3	성명서	-공공부문 표준임금 체계는 저임금을 고착화한다!
2018.12.11	토론회	제대로 된 정규직 전환 위해 예산 · 정원 확충 필요함. (한국노총, 더불어민주당)
2019.2.27/ 7.8/12. 5	성명서	-민간 위탁 정책추진 방향에 대한 비판- 20만 명의 비정규직 노동자를 개별기관의'자율적인 논의'로 미루었는데, 이는 정부의 책임회피다.
2019.7.23	관계처 문서전달	3단계 민간 위탁 분야의 100개가 넘는 사업장에서 상시 지속적인 성격을 가진 1단계 업무가 3단계 민간 위탁으로 잘못 분류되었음.
2019.9.30	성명서	-감사원이 공기업에 대해 지적한 '무기계약직의 일반직 전환정책'을 문제 삼은 것은 시대착오적이다!
2019.11.29	관계처문서 전달	'2025년까지 정년 65세로 연장 요구 71.9%, 정년 연장에 대한 현장 요구 높아' 의 내용 전달함.

1) '한국철도사회산업노동조합'은 2020년 4월, 조합의 명칭을 '한국공공사회산업노동조합'으로 변경하였음.

일 자	종 류	주요 영향요인
2020.6.17	성명서	'유급병가, 상병수당 도입 촉구하라!' 성명서 정부와 국회에 전달
2020.7.6	관계처 문서전달	공무직의 인건비 제도개선, 공무직제 신설, 공무직 처우개선을 위한 목적예산 편성, 자회사 공무직 처우개선을 위한 용역 낙찰률 상향, 자회사 공무직 적정 인건비 보장, 공무직위원회 적극 운영 및 참여부처 역할을 촉구함.
2020.7.10	정 책 간담회	수당, 연가, 정년 등 정규직과 차별개선 요구, 표준임금 체계는 최저임금 수준으로 저임금을 고착화하니 개선 요구, 자회사 관련 사항 개선 요구함.
2020.9.16	성명서	-'가족수당' 등 직무와 무관한 수당은 중장기 과제로 둔갑해 버렸다! -고작 1.5% 최저임금 인상률을 내년 공무직 임금에 반영하겠다고 하는 것은 잘 못 된 것이다! -공무직에 대한 코로나19 보호 대책은 실효성이 없다!
이하 중략(부록 〈부표 1〉에 게재)		

주: 1) 자료출처 : "한국노총사업보고서(2017-2022)""한국철도사회산업노동조합사업보고서(2018)".
2) 기자회견, 토론회 일부는 민주노총과 공동주최 하였음.
3) 관계처는 고용노동부노동정책실공공노사관계과, 기획재정부 경제구조개혁국임.

이와 같은 공통적인 사항 외에 노동계의 특정적인 요구는 근로조건 저하 없는 정규직화, 공무직위원회의 역할 확대와 존속, 자회사 운영의 독립성 등이다.

〈표 5〉는 선행연구를 검토한 내용과 노동계의 영향요인을 비교한 표이다.

| 표 5 | 선행연구 검토 결과와 노동계의 영향요인 비교

	선행연구의 내용	노동계 영향요인
1	생명 안전 업무의 기준이 명확지 않다.	생명 안전 업무의 기준이 명확지 않다.
2	직접 고용 무기계약직 제의 문제와 간접고용 자회사를 남발한다.	직접 고용 무기계약직 제의 문제와 간접고용 자회사를 남발한다.
3	표준 임금체계에 문제점이 있다.	표준임금 체계는 저임금을 고착화한다. 최저임금기준 임금 설계를 시중노임단가로 요구한다.
4	상시지속 업무의 예외 사유가 경직되어 있다.	상시 지속적인 업무를 판단하는 기준의 미비로 1단계 사업장을 민간 위탁으로 잘못 분류하였다.
5	공무직 제 신설 미비하다.	공무직 제 신설 미비, 공무직 처우개선 미비하다.
6	노사관계 구조 미비하다.	전환 논의에 노동자가 참여해야 한다.
7		정규직화로 근로조건이 저하 되어서는 안 된다.
8		공무직위원회가 존속해야 한다.
9		공무직 예산에 물가 인상률과 최저임금 인상률 반영해야 한다.
10		자회사 운영을 모 기관과 공동책임 운영해야 한다. 임금 등 노동조건의 저하가 없어야 하고 운영의 독립성이 보장되어야 한다.

III 최저임금 기준 임금수준과 근로시간 간의 관한 연구

제1절 분석자료 및 분석 방법

본 연구의 자료는 한국노동연구원의 한국노동패널 조사의 개인 자료 제15~23차의 자료를 활용하였다. 한국노동패널 조사는 1998년부터 1년 주기로 작성되고 있으며, 조사 대상은 2017년과 2018년에 걸쳐 표본을 추가하여 12,134가구를 조사 대상으로 하였다. 또한 본 연구에 한국노동패널 외에 부수적으로 최저임금위원회의 활동 보고서, 심의편람, 임금 실태분석 등을 활용하였는데, 이 자료들은 매년 최저임금위원회의 심의를 위하여 만들어지는 자료이다.

본 연구의 연구 방법을 설정하기 위하여 선행연구를 검토한 결과, 최저임금 인상은 근로시간을 감소시키는 결과가 있음을 보여주고 있으며, 연구 대상에서는 신규고용자, 젊은 층 또는 산업별 등으로 한정적이거나, 당해연도와 다음 연도의 최저임금을 기준으로 미만자, 영향자, 적용자로 구분한 연구였다. 또한 연구 대상의 기간에서는 최저임금이 대폭 인상된 2018년과 그 전년도를 비교하는 연구이거나, 토요일 근무제가 폐지되고 주 40시간제가 완전히 정착된 2012년도 이전부터 시작하여 이후까지였다.

그리고 최저임금 계산에서 필요한 월 소정근로시간을 산출하는 방식을 '주당 근로시간 * 4.3'으로 함으로서 최저임금법시행령에서 규정하는 계산 방법과는 차이가 있었다. 또한 본 연구에서 주목하고 있는 최저임금의 영향을 많이 받는 최저임금 수혜의 범위는 ILO에서는 최저임금 0.9~1.1 로 정의하고 있다. 그러나 최저임금 인상과 전반적인 근로시간 간의 변화를 예측할 수 있는 상관관계는 분석되지 않았다.

이에 본 연구에서는 연구 대상의 기간과 연구 대상을 선행연구와는 다르게 한다. 먼저, 연구 대상의 기간을 토요일 근무가 폐지되고 주 40시간제도가 완전히 정착된 2012년부터 2020년까지로 하고, 연구 대상은 전산업의 18세 이상 70세까지의 임금근로자 46,182명으로 한다. 두 번째는 최저임금의 한 단위(1원) 당 근로시간 변화의 정도를 예측할 수 있도록, 비교적 장기간인 9년간의 기간을 시간고정효과로 추정하였다.

세 번째는 ILO에서 정하고 있는 최저임금의 수혜 범위인 '최저임금의 0.9~1.1'을 분석기준으로 하여 저임금근로자 간의 근로시간 관계를 분석하였다. 저임금근로자는 최저임금위원회에서 구분하고 있는 최저임금의 1.5 이하의 범위로 하고, 이 범위 중 '최저임금의 0.9~1.1'를 기준으로 임금의 상하 0.4의 범위인 최저임금의 0.5~1.5 범위의 근로자를 구체적 비교분석 대상으로 하였다.

그리하여 최저임금 인상에 따른 근로시간 변화와 더불어 월 임금이 어떠한 방향으로 변화하는지를 분석하였다. 구체적으로 최저임금 수혜 수준인 0.9~1.1의 범위를 기준범위로 정하고, 기준범위의 간격인 0.2(1.1~0.9)의 간격으로 각 임금 범위를 범주화하였다. 특히 저임금근로자들을 대상으로 하는 것은 근로시간 감소가 월 임금의 감소로 이어져 실질소득에 영향을 주는데. 이는 중 · 고임금 근로자들보다 생계에 미치는 영향이 크기 때문이다. 각 임금수준 간의 근로시간 변화를 비교 분석하면서 아울러 전체 표본과도 비교 분석하였다.

네 번째는 최저임금 수준을 가늠하기 위한 시간당 임금 산출을 「최저임금법 시행령」에서 명시하고 있는 바와 같이 산출하였다. 「최저임금법 시행령」 제5조에는, 같은 법 1항 3호에 '월(月) 단위로 정해진 임금일 경우, 그 금액을 1주의 최저임금 적용기준 시간 수에 1년 동안의 주(週)의 평균 수를 곱한 시간을 12로 나눈 시간 수로 나눈 금액'으로 명시되어 있다. 그러나 본 연구의 분석자료인 한국노동패널 조사에서 응답자들이 '주 근로시간'에 대하여, 주 휴일을 근로시간에 포함하여 '주 근로시간'으로 응답 한 것인지, 그렇지 않으면 주 휴일을 포함하지 않은 실질적인 근로시간으로 응답한 것인지 확실치가 않았다.

따라서 본 연구에서는 응답자가 실질 근로시간만으로 응답한 것으로 간주하여, 실질 근로시간에 유급주휴일의 근로 인정 시간을 더한 소정근로시간으로 월 임금을 나누어 시급을 계산하였다. 따라서 월 소정근로시간 계산식은 '((주 근로시간×4.35)+(주 근로시간/5×4.35))'로 하였다. 단, 주 15시간 미만의 초단시간 근로자와 1~4인 사업장 근로자들에 대해서는 '(주 근로시간×4.35)'으로 하였다.

또한 고용이 불안정하고 저임금근로자로 인식되고 있는 비정규직에 대해서도 별도의 변수로서 분석하며, 비정규직의 정의에 관하여는 위 선행연구 검토에서 김연명(2010)이 비정규직의 정의에 관하여 구체적 연구 결과로 '노동 사회연구소 김유선의 방식이 옳다'고 주장하는 바를 받아들였다. 단, 특수고용은 근로시간을 추정할 수 없어서 제외하였다. 그리고 정도범 (2018)의 연구에서 본인이 비정규직이라고 응답한 자를 비정규직으로 분류하는 방식도 함께 따랐다.

본 연구는 한국노동패널 개인 자료를 활용하여 18세 이상 70세 이하의 임금근로자를 표본 대상으로 하였다. 설명변수(explain variables) 중 '주당 평균 근로시간'과 '월 임금'에 대해서는 시급을 결정하는 주요한 변수이기 때문에 평균치에서 크게 벗어나 평균값 등에 비정상적인 영향을 미치는 값인, 최대값과 최소값으로 부터 각 0.5% 범위의 표본은 배제하여(outlier), 표본 총수는 46,182명이었다. 그리고 본 연구의 구체적 비교분석 대상인 최저임금의 0.5~1.5 범위의 표본 총수는 20,896명이었다.

〈표 6〉은 전체 표본 중 산업분류를 제외한 기초통계량을 보여주고 있다. 성별은 남성이 58.36% 여성이 41.64%의 분포를 보이며, 연령은 18세 이상 70세까지 연속형 변수를 범주형 변수로 변환한 결과, 청년층인 18~24세가 3.64%, 청 · 장년층인 25~40세가 8.49%, 장년층인 41~60세가 47.85%, 노년층인 61~70세가 40.02%의 분포를 보인다. 교육수준의 경우, 고졸 이하가 41.77%, 전문대졸 20.28%, 대졸 32.07%, 대학원 졸 5.88%의 분포를 이루고 있다.

그리고 고용 형태의 정규직과 비정규직의 구분은 선행연구들에서는 노사정 합의에 따른 구분, 한국노동사회연구소 김유선(2021)의 구분 방법, 그리고 응답자의 답변에 따른 구분 방법을 각각 적용하고 있는데, 본 연구에서는 2장 2절에서 밝힌 바와 같이 한국노동사회연구소 김유선의 구분 방법을 따르되 응답자 자신이 비정규직이라고 응답한 자도 비정규직에 포함하였다. 그 결과 정규직 67.87%, 비정규직 32.13%이었다. 혼인 여부는 미혼 22.33%, 기혼 70.05%, 이혼 및 사별 7.62%의 분포를 보인다.

그리고 기업형태는 민간, 공공, 법인과 시민단체 등으로 분류하였는데, 민간에는 민간회사와 외국인 회사를 포함했으며, 공공에는 정부투자 출연기관이나 정부 기관을 포함했다. 그리고 법인 · 시민단체 등에는 법인단체 및 시민 종교단체와 그 외의 분야를 포함했다. 그 결과 민간부문이 79.0%, 공공부문이 14.11%, 시민법인단체 등이 6.88%로 나타나고 있다. 종업원 수에서는 조사대상자들이 연속형 또는 범주형으로 응답하였는데, 연속형 응답을 범주형으로 변환시켜 범주형 변수로 통일하였다.

범주는 통계청에서 구분하고 있는 1~4인, 5~9인, 10~9인, 10~29인, 30~99인,

| 표 6 | 변수 전체 기초통계량

(단위: 명, %)

변수	빈도	비율	변수	빈도	비율
성별			혼인여부		
남성	26,952	58.36	미혼	10,311	22.33
여성	19,230	41.64	기혼	32,352	70.05
연령별			사별, 이혼 등	3,519	7.62
41~60세	22,096	47.85	기업형태		
61~70세	18,483	40.02	민간부문	36,486	79.01
25~40세	3,923	8.49	공공부문	6,518	14.11
18~24세	1,680	3.64	시민, 법인단체 등	3,178	6.88
학력별			종업원 수		
고졸이하	19,289	41.77	300명 이상	6,019	14.6
전문대졸	9,365	20.28	100~299명	6,182	14.99
대졸	14,811	32.07	30~99명	7,996	19.39
대학원졸	2,717	5.88	10~29명	7,451	18.07
고용형태			5~9명	4,556	11.05
정규직	31,343	67.87	1~4명	9,025	21.89
비정규직	14,839	32.13	노조여부		
			노조 있다	8,722	18.89
			노조 없다	37,460	81.11
			계	46,182	100.00

100~299인, 300명 이상으로 범주를 구분하였는데 1~4인이 21.89%, 5~9인이 11.05%, 10~29인이 18.07%, 그리고 30~99인이 19.39%, 100~299인이 14.99%, 300명 이상은 14.6% 분포를 보였다. 노동조합에 대한 변수는 가입 여부 보다는 노동조합의 유무를 변수로 채택하였다. 왜냐하면, 노사 간에 협정된 사항은 노동조합의 가입 여부를 떠나 사업장의 전체 노동자에게 적용되기 때문이다. 통계표에서 노동조합이 없는 사업장이 81.11%, 노동조합이 있는 사업장이 18.89%의 분포를 보였다.

산업업종의 분류는 〈표 7〉과 같이 통계청에서 분류하고 있는 21개 업종으로 대분류하였다. 숙박 및 음식점업이 5.57%, 제조업이 24.04%, 도매 및 소매업은 10.62%, 전문과학 및 기술서비스업이 4.41%, 공공행정 국방 및 사회보장이 5.99%, 교육서비

❙표 7❙ 변수 전체 기초통계량 중 대분류 산업업종

(단위: 명, %)

산업분류업종	빈도	비율	산업분류업종	빈도	비율
I/숙박 및 음식점업	2,571	5.57	L/부동산업 및 임대업	1,442	3.12
B/광업	26	0.06	M/전문과학 및 기술 서비스	2,036	4.41
C/제조업	11,103	24.04	N/사업시설관리 및 사업지원	1,433	3.1
D/전기 가스, 증기 및 수도	354	0.77	O/공공행정, 국방 및 사회보장	2,765	5.99
E/하수 및 폐기술 처리,원료 재생 및 환경	218	0.47	P/교육서비스업	3,487	7.55
F/건설업	3,286	7.12	Q/보건업 및 사회복지 서비스	4,613	9.99
G/도매및 소매업	4,904	10.62	R/예술 스포츠 여가 관리 서비스	589	1.28
H/운수및 창고업	2,036	4.41	S/협회 단체 및 기타 개인 서비스업	1,701	3.68
A/농업,임업및어임업	237	0.51	T/가구 내 고용 활동 및 달리 분류되지 않은	117	0.25
J/출판 영상 방송통신 및 정보통신업	1,711	3.7	U/국제 및 외국기관	28	0.06
K/금융 및 보험업	1,525	3.3	계	46,182	100

표 8 최저임금 0.5~1.5범위 변수 기초통계량

(단위: 명, %)

변수	빈도	비율	변수	빈도	비율
성별			혼인여부		
남성	8,018	38.37	미혼	5,798	27.75
여성	12,878	61.63	기혼	12,641	60.49
연령별			사별,이혼 등	2,457	11.76
41~60세	9,503	45.48	기업형태		
61~70세	7,008	33.54	민간부문	17,731	84.85
25~40세	3,012	14.41	공공부문	1,731	8.28
18~24세	1,373	6.57	시민, 법인단체 등	1,434	6.86
학력별			종업원 수		
고졸이하	12,262	58.68	300명 이상	4,557	23.46
전문대졸	3,961	18.96	100~299	4,017	20.68
대졸	4,317	20.66	30~99	4,364	22.47
대학원졸	356	1.70	10~29	3,169	16.31
고용형태			5~9	1,490	7.67
정규직	10,212	48.87	1~4	1,827	9.41
비정규직	10,684	51.13	노조여부		
			노조 있다	1,438	6.88
			노조 없다	19,458	93.12
			계	20,896	100.00

스업이 7.55%, 보건업 및 사회복지서비스업 9.99%, 교육서비스업이 5.77%, 사업시설관리업이 4.38%, 운수 및 창고업이 4.41%를 보이고 있으며. 이를 뒤이어 금융 보험업 등을 비롯한 나머지 업종이 3%대 이하의 분포를 보인다.

그리고 본 연구에서 분석하고자 하는 최저임금의 0.5~1.5 범위의 주요 기초 통계량은 〈표 8〉과 같다. 이 중 전체 표본의 기초 통계량 분포와 큰 차이를 보이는 것은 고용 형태에서 정규직이 48.87%, 비정규직이 51.13%로 비정규직이 더 많았으며, 종업원 수에서는 1~4인이 9.41%, 5~9인이 11.05%의 분포를 보여 소규모 사업장의 분포율이 작아졌다. 또한 유 노조 사업장이 6.88%, 무노조 사업장이 93.12%의 분포를 보여, 유노조 사업장의 분포율이 대폭 낮아졌다. 그리고 산업업종의 기초통계량은 부

| 표 9 | 비교분석 대상의 최저임금 수준 범위별 빈도수 (단위: 명, %)

임금범위	빈도(명)	비율(%)	임금범위	빈도(명)	비율(%)
최저임금의 0.5~0.7	1,677	3.63	최저임금의 1.1~1.3	5,542	12.00
최저임금의 0.7~0.9	3,931	8.51	최저임금의 1.3~1.5	4,375	9.47
최저임금의 0.9~1.1	5,371	11.63	전체,최저임금 0이상	46,182	100

주; 비율은 전체인원 46,182명에 대한 비율임

록의 〈부표 2〉에 수록한다.

임금 범위 변수는 최저임금기준 임금수준을 나타내는 변수로써, 각 임금수준 간 근로시간에 어떠한 관계를 갖는지를 추정하기 위한 것이다. 본 연구에서는 최저임금 기준 0.5~1.5 범위를 분석 대상으로 설정하고, 이를 20%의 범위로 임금수준을 구분한 후, ILO에서 최저임금의 수혜 범위로 정하고 있는 0.9~1.1 범위(최저임금의 90% 이상~110%)를 기준으로 비교 분석하며, 전체 표본에 대하여도 비교 분석하였다. 〈표 9〉는 분석대상자의 빈도수를 나타내고 있다.

〈표 10〉은 변수 중 월평균 임금과 주 근로시간의 평균값과 표준편차를 보여주고 있다. 분석 대상의 월평균 임금은 157.7만 원에 표준편차는 50.51이었으며, 주 근로시간의 평균값은 43.08시간에 표준편차는 11.04였다. 또한, 최저임금은 2012년도에는 4,580원이었으며 매년 증가하여 2020년은 8,590원이었다.

또한, 〈표 11〉은 2012년부터 2020년까지 매년 최저임금(시급)을 보여주고 있다. 또한 18세 이상 70세 이하의 임금근로자 중에서 '주당 평균 근로시간'과 '월 임금'이 이상적(outlier)으로 크게 벗어난 최대치와 최소치의 0.5%를 배제한 전체 46,182명의 월 평균임금과 월 평균근로시간을 보여주고 있으며 본연구의 분석 결과에서 활용한다.

| 표 10 | 월 평균임금 및 최저임금, 주 근로시간 (단위: 만원, 시간)

변수	평균	표준편차
월 임금(만원)	158.7	50.51
주 근로시간(시간)	43.08	11.04

제2절 분석모형

본 연구의 연구모형은 다음과 같다.

$$y_{it} = X_{it}\beta_1 + Z_{it}\beta_2 + \alpha_i + \epsilon_{it}$$

위의 식에서 종속변수 y_{it}는 각 개인 i의 t기 주당 평균 근로시간을 나타낸다. 독립변수인 X_t는 주 목적변수인 최저임금 수준과 개인별 최저임금기준의 임금수준 범위 변수다. 이 외에 변인은 통제변인(Z_{it})으로 비정규직 여부, 학력, 연령, 혼인 여부, 기업형태, 종업원 수, 산업업종, 노조 유무 등이다. 최저임금은 매년 결정되며 적용 수준이 모든 노동자에게 같기에 시간효과(time effect)와 동일하다고 볼 수 있다. 따라서 시간의 흐름에 따른 추세와 구분하기 위해 선형시간추세(Linear time trend)와 제곱시간추세(Quadratic time trend)를 추가하여 이를 통제하였다.

본 연구에 사용하는 패널 조사자료는 관측치가 크고 자유도가 높으며, 추정값의 효율성이 높고, 개인 간의 이질성을 통제할 수 있는 장점이 있다. 이를 분석하는 방법으로 횡단면과 관측치 간의 차이를 고려하여 회귀분석 방법을 사용하는데 대표적으로 고정효과모형과 확률효과모형이 있다(민인식 · 최필선, 2022).

두 모형 중에서 하나를 선택하기 위해 하우스만 검정(Hausman Test)을 실시하는데, 유의수준이 p〈0.05이면 고정 효과모형을 선택하고 그렇지 않으면 확률효과모형을 선택하였다. 본 연구에서는 추정모형을 확정하기 위하여 시간추세(모형1)와 시간제곱추세(모형2) 각각의 고정효과모형 추정결과와 확률효과모형 추정결과를 구하고 이를 하우스만 검정을 시행하였다. 검정 결과 모형1은 (F=940.57, p〈0.001) 모형2는 (F=942.24, p〈0.001)로 분석되어 시간고정효과 결과를 채택하기로 하며, 2개의 모형 중, 모형2는 시간추세제곱의 추정계수가 통계적으로 유의성이 낮아 본 연구에서는 모형1의 시간추세고정효과모형 추정결과를 중심으로 분석하였다. 고정효과 추정결과 〈표 11〉은 시간추세로 통제한 모형1과 시간추세와 시간제곱추세로 통제한 모형2를 포함하고 있다.

제3절 분석 결과

〈표 12〉의 추정 결과에 최저임금 추정 계수는 -0.001로 나타났고 통계적으로 유의하였다. 이는 최저임금이 1원 올라갈 때, 주 근로시간은 0.001시간이 감소함을 의미한다. 이를 월로 환산하면 (0.001 * 4.35+0.001/5 * 4.35)= 0.005시간이다. 추가로 최저임금 임금수준 별로 근로시간에 미치는 영향은 시간의 흐름과는 별개로 최저임금은 근로시간과 부적(-)상관관계가 있다고 할 수 있다.

기준범위인 최저임금의 0.9~1.1 범위(이하 "기준범위")에 비해 1.1~1.3 범위의 주 근로시간은 1.89시간 감소하였으며, 1.3~1.5 범위는 3.2시간 감소하였고 통계적으로 유의성이 있었다. 반대로 최저임금 미만 하위범위인 0.7~0.9 범위에서는 기준범위에 비해 2.28시간이 증가하였으며 0.5~0.7의 범위에서는 5.7시간이 증가하였고 역시 통계적으로 유의하였다. 한편 전체 표본 대상자는 기준범위에 비해 5.5시간이 적었다.

위 분석 결과를 〈표 11〉의 2020년도에 적용 비교 하면, 최저임금의 1.1~1.3 범위는 기준범위인 0.9~1.1 범위에 비해, 주 근로시간이 1.89시간 감소함에 따라 월 근로시간은 9.87시간이 감소하였다. 이는 월 평균근로시간인 229.9시간의 4.2%가 감소함

| 표 11 | 연도별 최저시급 및 전체 대상자 연도별 월 평균임금, 평균근로시간

연도	최저시급(만원)	월평균임금(표준편차)	평균근로시간
2012	0.458	232.270(129.794)	212.2
2013	0.486	239.384(134.405)	214
2014	0.521	246.014(135.981)	217.7
2015	0.558	254.470(140.225)	220.12
2016	0.603	256.970(138.418)	222.01
2017	0.647	264.968(141.852)	222.9
2018	0.753	270.829(141.25)	228.1
2019	0.835	275.833(140.585)	226.88
2020	0.859	286.107(143.622)	229.9

으로써 시급은 기준범위인 0.9~1.1 범위보다 20% 많으나, 월 임금은 20%보다 4.2% 적은 15.8% 많은 것으로 추정된다. 또한 1.3~1.5 범위는 기준범위보다 주 근로시간이 3.2시간(월 근로시간은 16.7시간)이 감소하는데, 이는 평균근로시간인 229.9시간의 7.3%이다. 따라서 시급은 40% 많으나, 월 임금은 7.3%가 줄어든 34.7% 많은 것으로 추정된다. 한편 0.7~0.9 범위는 기준 범위에 비해 주당 근로시간이 2.28시간이 증가함으로써 월 근로시간은 11.8시간이 증가한다. 이는 평균근로시간인 229.9 시간의 5.1%이므로 시급은 기준범위보다 20% 적으나 근로시간이 5.1% 증가하여 월 임금은 기준범위보다 14.9% 적은 것으로 추정된다. 그리고 0.5~0.7의 범위는 기준범위에 비해 주(週) 근로시간이 5.7시간(월 근로시간은 29.8시간) 증가하였는데, 이는 229.9시간의 13%이므로 시급은 기준범위에 비해 40% 적으나, 근로시간이 13%가 증가하여 월 임금은 27% 적은 것으로 추정된다.

| 표 12 | 고정효과추정결과

구분		모형1		모형2	
		추정계수	t(p)	추정계수	t(p)
최저임금		-0.001***	-3.65(0.000)	-0.001***	-3.45(0.001)
시간추세		-0.194***	-3.19(0.001)	-0.212**	-3.38(0.001)
시간추세2		-	-	0.009***	1.24(0.214)
임금범위(기준변수: 최저임금 0.9-1.1)					
	최저임금1.1~1.3	-1.888***	-13.72(0.000)	-1.894***	-13.75(0.000)
	최저임금1.3~1.5	-3.169***	-20.05(0.000)	-3.176***	-20.09(0.000)
	최저임금0.7~0.9	2.280***	14.88(0.000)	2.280***	14.88(0.00)
	최저임금0.5~0.7	5.705***	25.16(0.000)	5.707***	25.17(0.000)
	최저임금 전체 (0이상)	-5.521***	-35.79(0.000)	5.527***	-35.81(0.000)
고용형태(기준변수: 정규직)					
	비정규직	-1.964***	-12.05(0.000)	-1.963***	-14.80(0.000)
(상수)		53.586***	63.63(0.000)	54.262***	54.13(0.000)
R-sq		0.1149		0.1150	
F test that all u_i=0		6.38(0.000)		6.38(0.00)	

주; *** p<0.001. ** p<0.01. * p <0.05

한편 0.7~0.9 범위는 기준범위에 비해 주당 근로시간이 2.28시간이 증가함으로써 월 근로시간은 11.8시간이 증가한다. 이는 평균근로시간인 229.9 시간의5.1%이므로 시급은 기준범위보다 20% 적으나 근로시간이 5.1% 증가하여 월 임금은 기준범위보다 14.9% 적은 것으로 추정된다. 그리고 0.5~0.7의 범위는 기준범위에 비해 주 근로시간이 5.7시간(월 근로시간은 29.8시간) 증가하였는데, 이는 229.9시간의 13%이므로 시급은 기준범위에 비해 40% 적으나, 근로시간이 13%가 증가하여 월 임금은 27% 적은 것으로 추정된다.

이상의 분석 결과와 같이 최저임금(시급)의 0.9~1.1을 기준으로 하였을 때, 최저임금 이상의 범위에서는 근로시간이 감소하여 월 임금은 시급의 증가비율에 비해 적은 폭으로 증가하였다. 반대로 최저임금 미만의 범위인 0.5~0.9의 범위는 기준범위보다 근로시간이 증가하여, 월 임금은 시급 감소 비율보다 적게 감소하는 것으로 분석되었다.

또한, 고용 형태에서 비정규직은 정규직에 비해, 주 근로시간이 1.96시간, 월 근로는 10.13시간이 적었으며 통계적으로 유의성이 있었다. 부록의 〈부표 2〉에 나타난 바와 같이 기업형태에서는 공공부문이 민간부문에 비해 주당 근로시간이 0.76시간이 적었다. 연령별에서는 장년층인 41~60세에 비해 18~24세 및 25~40세가 2시간, 61~70세는 0.6시간이 적었으며 통계적으로 유의하였다.

산업업종에서는 기준 업종인 숙박 및 음식점업에 비해 거의 모든 업종이 근로시간이 감소 되었는데, 특히 제조업, 통신업, 기술서비스업, 사업지원서비스업, 공공행정, 교육서비스업, 복지서비스업 등이 3.3~4.9시간이 적었으며, 나머지 업종도 대부분 1~2시간 적었으며 통계적으로 유의하였다. 단, 광업은 통계적 유의성이 없었다. 또한 연령에서는 41~60세에 비해 청년층과 장년층이 2시간 적었으며, 61~70세는 0.6시간이 적었으며 통계적으로 유의하였다. 이외의 다른 변수인 사업장 규모인 종업원 수, 학력, 노조 유무 등의 추정 계수는 통계적으로 유의하지 않았다.

제4절 소결

본 연구는 한국노동패널 2012년부터 2020년까지의 개인 자료를 활용하여 최저임금과 최저임금을 기준으로 임금수준과 근로시간 간의 변화를 분석하였다. 분석은 고정효과와 확률효과를 고려하였으며, 하우스만 검정을 거쳐 시간추세 분석의 고정효과 모형을 중심으로 분석하였다.

실증분석 결과, 최저임금 추정 계수는 -0.001로 이는 최저임금이 1원 상승 할 때, 월 0.005시간이 감소 됨을 나타내는데, 이를 최저임금이 1,060원이 인상된 2018년에 적용하면 전년도에 비해 월 5.3시간의 근로시간이 감소하는 것으로 나타났다.

임금 범위별 비교분석에서 기준범위인 최저임금의 0.9~1.1범위(이하 "기준범위")에 비해 1.1~1.3 범위의 주 근로시간은 1.89시간(월 근로시간 9.87시간) 감소하였으며, 1.3~1.5 범위는 3.2시간(월 근로시간 14.04), 감소하였고 유의성이 있었다. 반대로 최저임금 미만, 하위범위인 0.7~0.9 범위에서는 기준범위에 비해 2.28시간(월 근로시간 11.8시간)이 증가하였으며 0.5~0.7의 범위에서는 5.7시간(월 근로시간 29.8시간)이 증가하였으며 통계적으로 유의하였다.

이러한 기준범위 이상의 임금근로자들에게 근로시간의 감소는 월 임금의 감소로 이어진다. 또한 기준범위 이하의 최저임금 미만 근로자들에게는 시급 부족분을 장시간 근로로 월 임금에서 보충한다. 즉, 최저임금 부근의 근로자 중 최저임금 이상자들은 근로시간이 단축됨으로써 월 임금은 최저임금을 기준으로 계산된 월 임금에 가까운 방향으로 하향 이동하고, 최저임금 미만자들의 월 임금은 근로시간이 증가하여 최저임금을 기준으로 계산된 월 임금에 가까운 방향으로 상향 이동하는 것으로 분석되었다.

또한, 비정규직이 정규직보다 근로시간이 1.96시간 줄어든 것으로 분석되었는데, 비정규직은 고용이 불안한 직군으로 매년 근로계약을 체결하기에 정규직보다 근로조건을 변경하기가 쉽기 때문으로 추정된다. 아울러 산업업종에서는 음식 숙박업에 비해 전 산업업종이 근로시간이 감소하였으며, 연령에서는 41~60세에 비해 젊은 층의 근로시간이 감소하는 것으로 분석되는데 이는 젊은 층에 비정규직이 많이 분포되어 있기 때문으로 추정된다. 그러나 사업장 규모인 종업원 수, 학력별, 노조 유무, 혼인 여부 등은 근로시간 감소에 통계적 유의성이 없었다.

최저임금제도는 근로자에 대하여 임금의 최저 수준을 보장하여 근로자의 생활 안정과 노동력의 질적 향상을 꾀함으로써 국민경제의 건전한 발전에 이바지하는 것을 목적으로 하는 것이 법률의 취지이다. 이에 최저임금 인상에 따라 시급은 올라가도 근로시간 단축으로 월 임금은 그 비율에 못 미치거나, 시급을 최저임금 미만으로 하면서 근로시간을 증가시켜서 부족한 월 임금을 충족시키는 것은 최저임금제도 제정 취지와는 거리가 먼 것이다.

IV 최저임금을 기준으로 본 저임금 근로자의 노동조합 임금 효과

제1절 분석자료 및 분석 방법

본 연구는 노동조합의 임금효과를 추정하는 연구로서 분석자료는 연구1과 같이 1998년부터 1년마다 조사하고 있는 한국노동연구원의 한국노동패널 조사자료 중 주 40시간제도가 완전히 정착된 2012년~2020년의 개인 자료를 활용하였다. 단, 분석 대상은 전체 임금근로자로 하며 크게 최저임금의 1.5배를 기준으로 분석한다. 최저임금 위원회는 저임금근로자의 구분을 최저임금의 1.5배 이하로 규정하고 있다. 최저임금위원회(2022)의 '최저임금 적용 효과에 관한 실태조사 분석보고서'는 최저임금의 1.5배 이하인 저임금근로자들을 대상으로 한 설문에서 '2021년에 적용된 최저임금 인상으로 임금인상이 있었다'라고 응답한 근로자는 66.4%에 이르고 있다.

이 중 '최저임금 인상액만큼 임금인상이 되었다'라고 응답한 근로자는 43.72%, '최저임금 인상액 미만으로 임금인상이 되었다'라고 응답한 근로자는 2.89%, '최저임금 인상이 임금의 변동에 영향을 주지 않았다'라고 응답한 근로자는 33.77%, '최저임금 인상액을 초과하여 임금인상이 되었다'라고 응답한 근로자는 19.61%였다. 특히 최저임금 인상액을 초과하여 임금인상이 되었다는 것은 저임금근로자의 임금이 최저임금 인상 외에 노동조합 임금 효과를 비롯한 다른 영향을 받았다는 것을 말해준다. 이에 본 연구는 최저임금위원회가 저임금근로자로 구분하고 있는 '최저임금 1.5배 이하의 근로자'를 중심으로 노동조합의 임금 효과를 분석하였다.

본 연구의 분석 방법은 먼저 전체 임금근로자를 분석 대상으로 추정하고, 이어 최저임금 1.5배 이하인 근로자와 1.5배를 초과한 근로자로 분류하여 3개의 추정치를 비교 분석하였다. 그리하여 본 연구의 주목적인 최저임금의 1.5배 이하인 저임금근로자들을 대상으로, 노동조합에 가입한 근로자가 그렇지 않은 근로자에 비해 노동조합의 임금 효과가 있는지에 대해 분석하였다. 이어서 1.5배 이하인 저임금근로자를 다시 최저임금 미만자와 최저임금 이상 근로자(1.0~1.5)로 나누어 추정 비교 분석하였다. 아울러 최저임금의 1.5배를 초과한 범위에서도 최저임금의 1.5배 초과~3.0배 이하와 3.0배를 초과한 전체로 나누어 분석하였다.

한편 최저임금을 기준으로 임금수준 범위를 정하기 위한 근로자의 시급은 「최저임금법 시행령 제5조」에 따라 월 임금을 월 근로시간으로 나누어 산출하였다. 월 근로시간은 실질 주 근로시간에 유급주휴일의 근로인정시간을 더한 소정근로시간으로 하였다. 즉, '월 소정근로시간=((주 근로시간×4.35)+(주 근로시간/5×4.35))' 이다. 단, 주 15시간 미만의 근로자와 1~4인 사업장의 월 소정근로시간은 (주 근로시간×4.35)'로 하여(김현중 등, 2023), 본 연구의 전체 임금근로자 총수는 48,212명이었다〈표 13〉. 그리고 전체 임금근로자 중 시급이 최저임금의 1.5배 이하인 저임금근로자의 수는 22,935명이었다〈표 16〉.

〈표 13〉의 전체 표본의 주요 변수의 기초통계량을 보면, 인구통계학적 변수로서 성별은 남성이 58.14%, 여성이 41.86%의 분포를 보이며, 연령은 본 연구에서는 연령대별 분포를 알아보기 위하여 연속형 변수를 범주화하였다. 24세 이하는 3.58%, 25~40세는 38.38%, 41~65세는 51.75%, 66세 이상은 6.17%의 분포를 보인다. 학력은 고졸 이하가 43.19%, 전문대졸 19.57%, 대졸 31.34%, 대학원 졸 5.9%의 분포를 이루고 있다. 그리고 사회적 문제로 대두되고 있는 노동시장의 이중구조로서, 정규직과 비정규직의 임금 차이를 알아보고자 비정규직 여부를 변수로 채택하였다.

정규직과 비정규직의 구분에 있어서 본 연구에서는 비정규직에 장기 임시근로, 기간제 근로, 시간제근로, 한시 근로, 용역 근로, 파견근로, 특수 고용근로, 호출근로, 가내근로를 포함하였으며, 스스로 비정규직이라고 응답한 자도 포함하였다(김현중 등, 2023). 그 결과 정규직은 65.74%, 비정규직이 34.26%로 분포되어 있다. 저임금근로자는 최저임금의 1.5배 이하로 규정하여 47.57%이며, 저임금 초과자는 52.43%이다. 혼인 여부는 미혼 21.56%, 기혼 69.72%, 이혼 및 사별 8.71%의 분포를 보인다.

그리고 기업형태 변수는 민간, 공공, 법인과 시민단체 등으로 분류하여 민간에는 민간인 회사와 외국인 회사를 포함하였으며, 공공에는 정부 기관, 정부투자 출연기관을 포함했다. 이는 현재 사회적 문제로 대두되고 있는 공공부문의 저임금근로자인 공무직에 대하여 민간부문과의 임금 격차를 알아보고자 하였으며, 법인 · 시민단체 등에는 법인단체 또는 시민, 종교단체와 기타 분야를 포함했다. 분석 결과 민간부문이 77.91%, 공공부문이 15.16%, 시민법인단체 등이 6.92%로 나타났다.

| 표 13 | 변수 전체 기초통계량

(단위: 명, %)

변수	빈도	비율	변수	빈도	비율
성별			혼인 여부		
남성	28,032	58.14	미혼	10,396	21.56
여성	20,180	41.86	기혼	33,615	69.72
연령별			사별, 이혼 등	4,201	8.71
24세 이하	1,725	3.58	기업형태		
25~40	18,505	38.38	민간부문	37,564	77.91
41~65	24,948	51.75	공공부문	7,310	15.16
66세 이상	2,974	6.17	시민, 법인단체 등	3,338	6.92
학력별			종업원 수		
고졸 이하	20,822	43.19	1~4	6,278	13.02
전문대졸	9,436	19.57	5~9	6,414	13.30
대졸	15,111	31.34	10~29	8,266	17.15
대학원 졸	2,843	5.90	30~99	7,664	15.90
고용 형태			100~299	4,639	9.62
			300이상	9,272	19.23
			무응답	5,679	11.8
정규직	31,696	65.74	노조 가입 여부		
비정규직	16,516	34.26	미가입	42,996	89.18
저임금 여부			노조 가입	5,216	10.82
저임금	22,935	47.57	계	48,212	100.00
저임금 초과	25,277	52.43			

| 표 14 | 최저임금 범위별 노동조합 가입 비율 (단위: %, 명)

	전 체	1.5 이하	1.0 미만	1.0~1.5 이하	1.5 초과	1.5 초과 3.0 이하	3.0 초과 전체
가입율	10.82	3.68	2.19	4.86	17.3	14.45	25.1
가 입	5,216	843	223	620	4,373	2,677	1,696
미가입	42,996	22,092	9,955	12,137	20,904	15,844	5,060
계	48,212	22,935	10,178	12,757	25,277	18,521	6,756

종업원 수는 기업 규모별로 임금의 격차가 존재하는지도 알아보기 위한 변수이다. 종업원 수를 연속형 또는 범주형으로 응답한 것을 범주형 변수로 동일하게 변환하여 분석한 결과 1~4인 13.02%, 5~9인 13.30%, 10~29인 17.15%, 30~99인 15.9%, 100~299인 9.62%, 300인 이상이 19.23%, 무응답이 11.8%의 분포를 보였다.

본 연구에서 노동조합 가입 여부는 노동조합 임금 효과를 분석하기 위한 핵심 변수이다. 〈표 14〉의 최저임금 범위별 가입 비율을 보면, 전체범위에서는 노동조합 가입 비율

| 표 15 | 변수 정의 표

변 수 명	변수의 정의
성 별	남성, 여성으로 성별을 분류함.
연 령	15세 이상의 전체 임금근로자로 연속형 변수로 활용함(단, 연령대별 분포를 알기 위해 기초통계량에서는 연령대별로 범주화하였음)
학 력	고졸 이하, 전문대졸, 대졸, 대학원 졸로 범주화하였음.
고용형태	정규직과 비정규직으로 구분하였으며, 비정규직은 장기 임시근로, 기간제 근로, 시간제근로, 한시 근로, 용역 근로, 파견근로, 특수고용근로, 호출근로, 가내근로와 스스로 비정규직이라고 응답한 노동자를 포함하였음.
저임금	최저임금의 1.5배 이하로 분류하였음.
혼인여부	미혼, 기혼, 이혼 및 사별로 분류하였음.
기업형태	민간부문에는 민간인 회사와 외국인 회사를 포함했으며, 공공부문에는 정부기관, 정부투자출연기관을 포함하였으며, 법인 및 시민단체를 별도로 분류하였음.
종업원 수	종업원 수는 통계청의 분류 기준에 따라 1~4, 5~9, 10~29, 30~99, 100~299, 300명 이상으로 분류하였음.
노조가입 여부	노동조합에 가입자와 미가입자로 분류하였음.

| 표 16 | 최저임금 1.5배 이하의 변수 기초 통계량 (단위: 명, %)

변수	빈도	비율	변수	빈도	비율
성별			혼인 여부		
남성	8,952	39.03	미혼	5,938	25.89
여성	13,983	60.97	기혼	13,815	60.24
연령별			사별, 이혼 등	3,182	13.87
24세 이하	1,442	6.29	기업형태		
25~40세	7,109	31.00	민간부문	18,827	82.09
41~65세	11,642	50.76	공공부문	2,476	10.80
66세 이상	2,742	11.96	시민, 법인단체 등	1,632	7.12
학력별			종업원 수		
고졸이하	13,994	61.02	1~4	4,965	23.94
전문대졸	4,052	17.67	5~9	4,279	20.63
대졸	4,501	19.63	10~29	4,644	22.39
대학원졸	2,717	1.69	30~99	3,390	16.34
고용형태			100~299	1,573	7.58
정규직	10,432	45.49	300명 이상	1,890	9.11
비정규직	12,503	54.51	노조 가입 여부		
			노조 미가입	22,092	96.32
			노조 가입	843	3.68
			계	22,935	100.00

이 10.82%를 보이고 있으며, 미가입은 89.18%이다. 1.5 이하에서는 3.68%, 1.0 이상~1.5배 이하에서는 4.86%, 특히 1.0 미만에서는 2.19%로 가장 낮은 분포를 보였다.

1.5배를 초과한 전체에서는 17.3%, 1.5배 초과~3.0배 이하에서는 14.45%, 3.0배를 초과한 전체는 25.1%의 분포를 보였으며, 산업업종 변수는 산업별로 임금의 차이가 존재하는지도 알아보고자 하였으며, 산업업종 대분류에 의한 분포 비율은 부록의 〈부표 2〉와 같다.

또한 연도 변수는 더미 변수로서 2012년을 기준으로 연도별로 임금의 변화를 알아보고자 채택한 변수이며, 〈표 15〉는 각 변수를 정의한 표이다.

〈표 16〉의 최저임금 1.5 이하의 변수 기초통계량을 보면, 성별은 남성이39.03%,

❙ 표 17 ❙ 최저임금 1.5배 이하의 산업업종 대분류 기초통계량 (단위: 명, %)

산업분류업종	빈도	비율	산업분류업종	빈도	비율
I/숙박 및 음식점업	2,328	10.15	L/부동산 및 임대업	1,203	5.25
B/광업	9	0.04	M/전문과학 및 기술 서비스	548	2.39
C/제조업	4,031	17.58	N/사업 시설관리 및 사업지원	1,092	4.76
D/전기 가스, 증기 및 수도	62	0.27	O/공공행정, 국방 및 사회보장	1,069	4.66
E/하수 및 폐 기술 처리, 원료 재생 및 환경	70	0.31	P/교육서비스업	1,375	6.00
F/건설업	1,005	4.38	Q/보건업 및 사회복지서비스	3,495	15.24
G/도매 및 소매업	3,121	13.61	R/예술 스포츠 여가 관리 서비스	387	1.69
H/운수 및 창고업	984	4.29	S/협회 단체 및 기타 개인 서비스	1,151	5.02
A/농업,임업 및 어업	211	0.92	T/가구내 고용활동 및 달리분류되지 않은	119	0.52
J/출판 영상 방송통신 및 정보 통신업	391	1.70	U/국제 및 외국기관	5	0.02
K/금융 및 보험업	279	1.22	계	22,935	100

여성이 60.97%의 분포를 보이며, 연령은 청년층인 24세 이하가 6.29%, 청년층인 25~40세가 31.00%, 장년층인 41~65세가 50.76%, 노년층인 66세 이상이 11.96%의 분포를 보였다. 학력은 고졸 이하가 61.02%, 전문대졸 17.67%, 대졸 19.63%, 대학원졸 1.69%의 분포를 이루고 있다. 이는 저임금근로자에 남성보다는 여성이, 그리고 저학력층이 많음을 보여준다.

그리고 고용 형태에서 정규직 45.49%, 비정규직 54.51%로 저임금근로자 중에는 비정규직이 다소 많이 분포하고 있음을 보여주고 있다. 혼인 여부는 미혼 25.89%, 기혼 60.24%, 이혼 및 사별 13.87%의 분포를 보였다. 기업형태는 민간부문이 82.09%, 공공부문이 10.80%, 시민법인단체 등이 7.12%로 나타나고 있다. 종업원 수는 1~4인 23.94%, 5~9인이 20.63%, 10~29인이 22.39%, 30~99인이 16.34%, 100~299인이 7.58%, 300인 이상이 9.11%의 분포를 보였다. 노동조합 가입 여부에서는 미가입이 96.32%, 가입이 3.68%의 분포를 보였다.

산업의 분류는 통계청에서 분류하고 있는 21개 업종으로 대분류하였다 〈표17〉. 숙박업 및 음식점업이 10.15%, 제조업이 17.58%, 도매 및 소매업은13.61%, 보건업 및 사회복지서비스업 15.24%, 교육서비스업이 6%, 협회 단체, 수리 및 개인 서비스업이 5.02%, 건설업이 4.38% 사업시설관리업이 4.76%, 운수 및 창고업이 4.29%, 공공행정 및 사회보장이 4.66%의 분포를 보였다. 이를 뒤이어 전문과학 및 기술 서비스 등 제 업종이 2.39% 이하의 분포를 보였다.

제2절 분석모형

본 연구의 노동조합 임금 효과는 먼저, 전체 임금근로자와 최저임금의 1.5배 이하인 저임금근로자, 최저임금의 1.5배를 초과한 근로자를 비교 분석하였다. 본연구의 중점적인 분석 대상인 최저임금 1.5배 이하의 범위를 최저임금 미만인 1.0배 이하의 범위와 최저임금 1.0배 이상~1.5배 이하의 범위로 나누어 비교 분석하였다. 최저임금 미만을 별도로 분석하는 이유는 최저임금 미만 근로자는 최저임금제도의 혜택을 받지 못하고, 사업주의 경우는 최저임금법 위반으로 제재를 받는 등 특별한 범위이기 때문이다.

다음으로 좀 더 구체적이고 폭넓은 비교분석을 위하여 최저임금 1.5배 이상 중, 〈표 14〉에 나타난 바와 같이 노동조합 가입률이 25%가 넘는 '3.0배를 초과한 전체'의 범위를 하나의 범위로 하며, 그 이하인 '최저임금의 1.5배 초과~3.0배 이하'를 한 범위로 구분하여 비교 분석하였다.

이를 위한 연구모형은 다음과 같다.

$$y_{it} = X_{it}\beta_1 + Z_{it}\beta_2 + \alpha_i + \epsilon_{it}$$

위의 식에서 종속변수 y_{it}는 t기의 각 개인 i의 로그 시간당 임금(시급)을 나타낸다. 그리고 독립변수인 X_{it}는 목적변수인 노동조합 가입 여부다. 또한, 통제 변인 Z_{it}에는 개인 i의 t기 학력, 연령, 혼인 여부, 기업형태, 종업원 수, 비정규직 여부, 산업업종이 포함되며, 연도별 시간 효과를 컨트롤하기 위하여 연도 변수가 포함하였다.

이때, 전체 노동자를 포함하는 연구에서는, 노동조합 가입 여부와 저임금 여부의 상호작용효과를 반영하기 위하여 두 변수 간의 교호항(interaction term)을 추가하여 모형 1을 구성한다. 각 임금수준 별 표본에 관한 연구는 교호항의 의미가 없으므로 이를 제외하여 모형2를 정의하였다. 자세한 연구모형은 다음과 같다.

모형1) 로그 시급 = 노동조합가입여부 × 저임금 + 고용형태 + 연령 + 교육수준 + 종업원수 + 산업 + 기업형태 + 년도
모형 2) 로그 시급 = 노동조합가입여부 + 고용형태 + 연령 + 교육수준 + 종업원수 + 산업 + 기업형태 + 년도

모형 1은 전체 표본을 모두 사용하는 연구이나, 모형2는 같은 회귀식을 바탕으로 표본을 다르게 하여 분석하였다. 이를 표본의 차이에 따라 임금수준이 최저임금 1.5배 이하 전체를 모형 2-1로, 그중에서 임금수준이 최저임금 1.0배 미만자를 모형 2-2, 1.0배 이상 1.5배 이하인 표본을 모형 2-3으로 하였다. 유사하게 임금수준이 최저임금 1.5배를 초과한 표본에 관한 연구를 모형 2-4, 1.5배 초과 3.0배 이하를 모형 2-5, 최저임금 3.0배를 초과한 표본에 관한 연구를 모형 2-6으로 명명하였다.

그리고 각 변수 간의 상관관계를 다중공선성 검정을 시행한 결과 0.46 이하로서 각 변수의 영향이 비교적 정확하게 미쳤다고 추정되었다. 본 연구에 사용하는 패널 조사자료는 개인의 관측되지 않는 특성과 상관관계를 통제할 수 있고, 개인 간의 관측치가 크고 자유도가 높으며, 추정값의 효율성이 높다(김현중 등, 2023). 이를 분석하는 방법으로 고정 효과모형과 확률효과모형이 있다.

두 모형의 추정 결과를 하우스만 검정(Hausman Test)을 실시하여 유의수준이 p<0.05이면 고정 효과모형을 선택하고 그렇지 않으면 확률효과모형을 선택한다(민인식 · 최필선, 2022). 시간고정효과(Time-fixed effect)추정은 패널 데이터(panel data) 분석에서 사용되며, 시간고정효과를 추정하는 이유는 개체 간 차이를 고려하여 분석을 진행할 수 있으며, 개체의 고유한 특성에 기인하는 결과와 시간적 변화에 기인하는 결과를 분리하여 분석할 수 있어서 정확한 예측과 정책 결정에 도움을 줄 수 있기 때문이다.

본 연구에서 모형1의 고정 효과모형과 확률효과모형의 추정 결과를 하우스만 검정하였다. 검정 결과 F= 2359.40, p<0.001로 분석되었다. 본 연구에서 모형 1은 전체 임금근로자를 표본으로, 모형 2-1은 최저임금의 1.5 배 이하, 모형 2-4는 최저임금의 1.5 배를 초과한 전체를 분석하기 위한 모형이며, 이들의 시간고정효과 추정 결과를 함께 비교 분석하였다〈표 18〉.

이어 최저임금 1.5배 이하 전체인 모형2-1의 범위 내에서 세분한 최저임금 미만인 모형 2-2과 1.0배 이상~1.5배 이하인 모형 2-3에 대하여 비교 분석하며 〈표19〉, 최저임금 1.5배를 초과한 모형 2-4의 범위 내에서 최저임금 1.5배 초과~ 3.0배 이하인 모형 2-5와 최저임금 3.0배를 초과한 모형 2-6을 시간고정효과로 추정한 결과를 비교 분석하였다〈표 20〉.

제3절 분석 결과

〈표 18〉은 모형1, 2-1, 2-4를 추정 분석하여 비교한 표이다. 먼저 임금근로자 전체를 대상으로 한 모형1에서는 미가입자보다 노조 가입자의 시급이 1.5%p 높았고, 최저임금 1.5배 이하인 모형 2-1에서는 노조 가입자가 미가입자와 비교하면 시급이 6.2%p 높았으며 통계적으로 유의하였다. 그러나 모형 2-4 (1.5배 이상)에서는 통계적으로 유의성이 없었다. 즉, 모형 1, 2-1, 2-4를 추정 분석한 결과 최저임금의 1.5배

이하인 저임금근로자의 노동조합 임금 효과가 6.2%p로 가장 높게 추정되었다.

또한 저임금은 음(-)의 결과로 최저임금 1.5배 초과자보다 임금 상승률이 낮음을 나타내고 있으며, 교호 항에서 저임금과 노조 가입 여부의 상호작용 효과는 관측되지 않았다. 그리고 임금 분위를 분할 한 다른 범위에서는 저임금과 교호 항이 추정되지 않았다. 이어 고용 형태에서는 모형 1. 2-1. 2-4에서 정규직에 비해 비정규직이 각 5.9%p, 5.0%p, 4.9%p 낮았으며 모두 통계적으로 유의하였다. 또한 사업장 규모별로는 모형 1에서는 1~4명에 비해 5~9명부터 300명 이상까지 단계별로 4.5~12.5%p까지 순차적으로 높아졌다. 모형 2-1에서는 1~4명에 비해 5~9명부터 300인 이상까지 단계별로 5.2~10.7%p, 모형 2-4에서는 1~4명에 비해 10~29인부터 300명 이상까지 단계별로 4.6~10.8%p 사이에서 순차적으로 높아졌으며 통계적으로 유의하였다.

〈표 19〉는 1.5배 이하를 최저임금 미만(모형 2-2)과 최저임금의 1.0배 이상~1.5배 이하(모형 2-3)로 구분하여 시간고정효과 추정 결과를 비교하였다. 최저임금의 1.5배 이하 전체인 모형 2-1에서는 미가입자와 비교하면 노조가 입자가 시급이 6.2%p 높고 통계적으로 유의하였으나, 최저임금 미만(모형 2-2)에서는 노조 가입자가 미가입자와 비교하면 시급이 8.4%p 높고 통계적으로 유의하였으며, 최저임금의 1.0배 이상~1.5배 이하(모형 2-3)에서도 노조 가입자가 미가입자보다 시급이 4.1%p 높고 통계적으로 유의하였다.

Ⅰ표 18Ⅰ 모형 1, 2-1, 2-4 추정 결과 비교표

(단위: %)

	모형1(전 체)		모형2-1 (1.5배 이하)		모형2-4 (1.5배 초과)	
로그시급	추정계수	t	추정계수	t	추정계수	t
노조가입여부(기준변수:미가입)						
가입	0.015*	2.46	0.062***	4.38	-0.004	-0.69
저임금						
저임금	-0.359***	-92.54	저임금과 노조가입 교호항 분석 제외			
교호항						
가입×저임금	0.006	0.54	저임금과 노조가입 교호항 분석 제외			
고용형태(기준변수: 정규직)						
비정규직	-0.059***	-13.19	-0.050***	-8.44	-0.049***	-6.52

	모형1(전 체)		모형2-1 (1.5배 이하)		모형2-4 (1.5배 초과)	
로그시급	추정계수	t	추정계수	t	추정계수	t
기업형태(기준변수:민간)						
공공	0.013	1.55	-0.008	-0.58	0.015	1.37
법인단체 등	-0.003	-0.41	-0.023*	-2.25	0.007	0.77
연령						
연령	0.081***	42.44	0.087***	31.76	0.093***	30.9
연령제곱	0.000***	-14.19	0.000***	-9.09	-0.001***	-15.94
학력(기준변수:고졸이하)						
전문대졸	0.044	1.21	0.043	0.88	-0.055	-0.93
대졸	0.016	0.42	0.057	1.06	-0.113	-1.84
대학원졸	0.021	0.45	0.152*	2.06	-0.146*	-2.13
혼인여부(기준변수: 미혼)						
기혼	0.021*	2.34	-0.016	-0.92	0.040***	4
사별이혼 등	0.024	1.63	-0.009	-0.36	0.019	0.91
종업원수(기준변수:1~4인)						
5~9	0.045***	8.83	0.052***	8.41	0.016	1.64
10~29	0.066***	11.85	0.070***	10.17	0.046***	4.61
30~99	0.083***	13.62	0.095***	11.78	0.057***	5.41
100~299	0.098***	14.55	0.111***	11.26	0.074***	6.7
300명이상	0.125***	18.12	0.107***	10.66	0.108***	9.69
year						
2013	-0.001	-0.3	-0.025***	-3.57	0.018***	3.75
2014	-0.018***	-4.46	-0.036***	-5.33	-0.001	-0.1
2015	-0.014***	-3.7	-0.031***	-4.93	0.008	1.82
2016	-0.034***	-9.3	-0.050***	-8.49	-0.012**	-2.6
2017	-0.024***	-6.56	-0.041***	-7.47	-0.003	-0.67
2018	0.000	-0.03	0.000	-0.07	0.005	1.18
2019	0.018***	5.56	0.018***	4.03	0.004	0.85
2020	0.000		0.000		0.000	
상 수	6.310***	132.3	5.299	75.26	6.727***	75.48
R-sq:within	0.4305		0.4430		0.3300	
obs	42,533		20,741		21,792	
F test that all u_i=0		8.11	5.22		9.52	
가중치	적용하지 않음					

주: 1. 산업업종 대분류는 중략하여 부록에 수록

2. *** p<0.001. ** p<0.01. * p <0.05

| 표 19 | 모형 2-2, 2-3 추정결과 비교표

(단위: %)

	모형2-2 (1.0 미만)		모형 2-3 (1.0이상-1.5이하)	
로그시급	추정계수	t	추정계수	t
노조가입여부(기준변수 : 미가입)				
가입	0.084**	2.79	0.041***	4.43
고용형태(기준변수: 정규직)				
비정규직	-0.024*	-2.25	-0.012**	-2.75
기업형태(기준변수 : 민간)				
공공	-0.027	-1.16	-0.019	-1.85
법인단체 등	-0.032	-1.79	-0.015	-1.91
연령				
연령	0.079***	16.27	0.083***	36.91
연령제곱	0.000**	-2.8	0.000***	-6.17
학력(기준변수: 고졸 이하)				
전문대졸	-0.042	-0.45	0.075*	2.06
대졸	0.006	0.05	0.043	1.03
대학원 졸	0.011	0.06	0.165***	3.32
혼인 여부(기준변수 : 미혼)				
기혼	0.008	0.19	0.000	-0.03
사별,이혼 등	-0.022	-0.44	0.015	0.89
종업원 수(기준변수: 1-4명)				
5~9	0.044***	4.77	0.018***	3.41
10~29	0.056***	5.19	0.026***	4.54
30~99	0.069***	5.21	0.034***	5.39
100~299	0.100***	5.72	0.044***	5.97
300명 이상	0.087***	5.07	0.039***	5.05
년도(기준변수 : 2012)				
2013	-0.029**	-2.61	0.012*	2.25
2014	-0.036***	-3.42	-0.008	-1.56
2015	-0.054***	-5.35	-0.021***	-4.41
2016	-0.052***	-5.64	-0.022***	-5.02
2017	-0.052***	-5.99	-0.017***	-4.08
2018	0.008	1.09	0.022***	6.22
2019	0.033***	4.68	0.036***	11.12

	모형2-2 (1.0 미만)		모형 2-3 (1.0이상-1.5이하)	
로그시급	추정계수	t	추정계수	t
2020	0.000		0.000	
상수	4.901***	36.07	5.708***	105.28
R-sq: within	0.4748		0.7444	
N obs	8,958		11,783	
F test that all u_i=0:	3.96		6.57	
가중치	적용하지 않음			

주 : 1. 산업업종 대분류는 중략하여 부록에 수록
2. *** p<0.001. ** p<0.01. * p <0.05

또한 고용 형태별로는 최저임금 미만(모형 2-2)에서 비정규직이 정규직에 비해 2.4%p 낮았으며, 최저임금의 1.0배 이상~1.5배 이하(모형 2-3)에서는 비정규직이 정규직에 비해 1.2%p 낮았다. 또한 사업장 규모에서 최저임금 미만(모형2-2)은 1~4인에 비해 5~9명부터 300명 이상까지 단계별로 4.4%p에서 8.7%p까지 순차적으로 높아졌다. 최저임금의 1.0배 이상~1.5배 이하(모형2-3)도 단계별로 1.8%부터 3.9%p까지 순차적으로 높아졌다.

최저임금의 1.5배를 초과한 전체를 나타내고 있는 〈표 18〉의 모형 2-4에서는 노동조합 임금효과의 통계적 유의성이 없었다. 이를 두 범위로 나눈 〈표 20〉의 모형 2-5(1.5배 초과~3.0배 이하)와 모형 2-6(3.0배 초과)에서 모두 통계적으로 유의하지 않았다. 고용 형태에서 모형 2-5(1.5배 초과~3.0배 이하)에서는 비정규직이 정규직에 비해 2.3%p 낮았으며, 모형 2-6(최저임금 3.0배 초과)에서는 통계적 유의성이 없었다. 종업원 수에서는 모형 2-5과 2-6에서는 모두 1~4명에 비해 5~9명은 모두 통계적 유의성은 없었으나, 10~29명부터 300명 이상까지의 각 범주에서는 각 3.1~5.2%p까지, 8.2~12.3%p까지 높아졌다.

종합적으로 분석하면 임금근로자 전체에서는 미가입자와 비교하면 노조 가입자의 노동조합 임금 효과는 1.5%p였다. 그리고 최저임금 1.5배 이하인 저임금근로자 전체에서는 노동조합 임금 효과는 6.2%p였으며, 이를 세분한 최저임금 미만에서는 노동조합 임금 효과는 가장 높은 8.4%p였으며, 최저임금 1.0배 이상~1.5배 이하에서는 4.4%p였다. 또한 최저임금 1.5배를 초과한 전체의 범위와 최저임금 1.5배 초과 3.0배 이하의 범위, 그리고 최저임금 3.0배 이상의 범위에서는 모두 통계적 유의성이 없었으며 노동조합 임금 효과는 나타나지 않았다.

| 표 20 | 연구2의 모형 2-5, 2-6의 고정효과추정 비교표 (단위: %)

	모형 2-5 (1.5배초과 3.0이하)		모형2-6 (3.0배 이상)	
로그시급	추정계수	t	추정계수	t
노조가입 여부(기준변수: 미가입)				
가입	0.005	0.83	-0.013	-1.38
고용형태(기준변수:정규직)				
비정규직	-0.023***	-3.53	0.011	0.62
기업형태(기준변수 : 민간)				
공공	0.005	0.51	0.001	0.03
법인단체 등	-0.003	-0.34	0.014	0.96
연령	0.080***	29.72	0.098***	13.78
연령 제곱	0.000***	-8.7	-0.001***	-6.86
학력(기준변수:고졸 이하)				
전문대졸	-0.054	-1.17	0.111	1.16
대졸	-0.093	-1.94	0.097*	2.32
대학원 졸	-0.027	-0.46	0.000	
혼인 여부(기준변수:미혼)				
기혼	0.026**	3.17	-0.022	-0.75
사별,이혼 등	0.024	1.32	-0.060	-1.17
종업원 수(기준변수 : 1-4명)				
5~9	0.007	0.96	0.022	0.6
10~29	0.031***	3.76	0.082*	2.15
30~99	0.033***	3.89	0.096*	2.46
100~299	0.043***	4.72	0.087*	2.22
300명 이상	0.052***	5.64	0.123**	3.13
2013	0.016***	3.31	0.020**	2.64
2014	-0.001	-0.22	-0.003	-0.39
2015	-0.003	-0.58	-0.001	-0.16

	모형 2-5 (1.5배초과 3.0이하)		모형2-6 (3.0배 이상)	
로그시급	추정계수	t	추정계수	t
2016	-0.013**	-3.13	-0.020**	-2.39
2017	-0.001	-0.34	-0.003	-0.32
2018	0.018***	4.57	0.005	0.58
2019	0.019***	4.67	0.001	0.06
2020	0.000		0.000	
상 수	6.694***	92.81	6.613***	36.21
R-sq: within	0.5427		0.3803	
N obs	16,075		5,717	
F testthat all u_i=0	6.76		8.77	
가중치	적용하지 않음			

주 : 1. 산업업종 대분류는 중략하여 부록에 수록
　　2. *** p<0.001. ** p<0.01. * p <0.05

또한 고용 형태의 경우 최저임금의 3.0배를 초과한 범위를 제외한 모든 모형에서 비정규직이 정규직보다 임금이 낮았다. 기업형태에서는 민간부문과 공공부문의 임금 차이는 각 범위에서 모두 통계적 유의성이 없었다. 종업원 수에서는 각 모형 모두 1~4인에 비해 종업원 수가 많아질수록 임금이 높아졌다. 업종별은 모형2의 저임금근로자에서 숙박업 및 음식점업에 비해 제조업, 건설업 전문과학 기술이 10%p 이상 높았으며 도소매업, 운수 · 창고업, 부동산 임대업, 사업시설관리업, 교육 · 서비스업, 보건 · 사회업이 5~10%p 높았다.

전체를 대상으로 분석한 모형 1도 이와 유사한 결과를 보였다. 학력에서는 모형 2-4(1.5배 초과)에서 대학원 졸이 고졸 이하보다 임금이 낮으면서 통계적으로 유의하였는데, 이는 같은 구간 내의 모형 2-5, 2-6과는 상이 한 결과를 보인 것이다. 이는 저소득자 구간에서 학력의 영향력이 명확히 나타나는 것과 다르게 고소득자에게서는 그 차이가 명확하지 않다고 볼 수 있으나, 추가적인 분석은 하지 않았다.

제4절 소결

대부분 저임금근로자의 임금은 최저임금위원회에서 정하는 최저임금에 의해 임금이 정해짐으로써 노동조합의 임금 효과는 없는 것으로 추정되고 있었다. 이에 본 연구는 '저임금근로자의 노동조합 임금 효과는 있다'라는 가설을 제기하면서, 최저임금의 1.5배 이하인 저임금근로자의 노동조합 임금 효과를 시간고정효과 모형을 추정하여 분석하고, 전체 임금근로자와 저임금을 초과한 근로자들과도 비교 분석하였다

분석 결과, 먼저 전체를 대상으로 한 분석에서는 노조 가입자가 미가입자보다 노동조합 임금 효과는 1.5%p로 양(+)의 결과를 보였다. 최저임금 1.5 이하의 저임금근로자에서도 노동조합 임금 효과는 6.2%p로 양(+)의 결과를 보였으며, 모형 2-4인 최저임금 1.5 초과 범위에서는 노동조합의 임금 효과는 통계적 유의성이 없었다. 이어 저임금근로자를 최저임금 미만자와 이상자로 분리하여 추정한 결과, 최저임금 미만 근로자에게서는 8.4%로 가장 높은 양(+)의 결과를 보였으며, 최저임금 1.0배 이상 1.5배 이하 근로자에게서도 4.1%로 양(+)의 결과를 보였으며 모두 통계적으로 유의하였다. 그러나 최저임금 1.5배를 초과한 전체에서는 노동조합의 임금 효과는 나타나지 않았으며, 1.5배를 초과 범위 중에서 세분한 1.5배 초과 3.0배 이하의 범위와 3.0배 초과 전체의 범위에서도 노동조합 임금 효과는 나타나지 않았다.

이상의 결과는 최저임금의 1.5배 초과 범위에서는 노동조합 비율이 높아져도 노동조합의 임금 효과는 통계적 유의성이 없었으나, 최저임금의 1.5배 이하 저임금근로자에서는 임금이 낮고 노동조합 가입률이 낮아도 노동조합 임금 효과가 높다는 것을 나타내는 것이다. 이는 노동조합의 위협효과에 대한 설명과 일치하는 결과라고 볼 수 있다. 즉, 최저임금의 1.5배를 초과한 중위 임금 이상에서는 노동조합의 임금 효과가 관찰되지 않은 이유를, 노조 미가입과는 관계없이 노동조합 위협효과가 일정부분 작용하였다고 추정할 수 있다.

반대로 최저임금 미만을 포함한 저임금 범위에서 노동조합 가입률이 낮음에도 노동조합 임금 효과가 높은 것은 그동안 노동계에서 비정규직을 비롯한 저임금근로자들에

대한 적극적인 노동조합 활동으로 임금이 향상되었다고 추정할 수 있으나, 한편으로는 저임금 범위에 영세기업이 다수 분포하고 있어서 위협효과 이론이 작용할 수 없는 것도 한 요인으로 추정할 수 있다. 또한 비정규직 근로자는 정규직 근로자보다 전체 임금근로자 범위에서는 5.9%p, 저임금근로자 범위에서는 5.0%p, 저임금 초과근로자 범위에서는 4.9%p 임금이 낮은 것으로 분석되었다.

V 공공부문 비정규직의 정규직화 정책 순환 과정의 노동계 영향요인 분석

제1절 분석 방법

본 연구는 정책 순환과정론의 정책의 단계별 진행 과정에서 노동계의 요구가 어떠한 영향을 미쳤는지, 그리고 그 결과가 어떠하였으며, 결과에 따른 개선과제가 있다면 해결방안을 모색하였다. 아울러 정부의 정책결과가 민간부문의 비정규직 문제에 영향을 미쳤는지를 분석하였다. 또한 이러한 정책 순환과정의 메카니즘을 기업경영의 ser-M 모델에 적용하여 분석하였다.

〈그림 2〉[2]는 '정책순환과정 · 정책변동과 영향요인'으로 각 과정의 상호작용과 환류를 나타내고 있다. 노동계의 요구가 정책 과정 중 어느 단계에 어떠한 영향을 미쳤는지, 그리고 어떠한 결과가 나왔으며, 결과평가가 환류되고 있는지, 환류되지 않는다면 정책변동으로 전환되어 새로운 의제 설정으로 가야 함을 나타낸다. 그리고 공공부문 비정규정책이 민간부문에도 영향을 미쳤는지를 나타낸 것이다.

이에 노동계의 영향요인을 공공부문 비정규직의 정규직화 정책에 대한 선행연구의 검토 결과와 한국노총의 2017~2022년도의 사업보고서에 수록된 성명서, 기자회견, 토론회, 간담회와 산하 산별 연맹의 성명서 등을 비교 분석하여 타당성을 검증한 후 〈그림 2〉에 적용하여 분석하였다.

2) 출처; 메카니즘연구 5호(김현중 등, 2023)

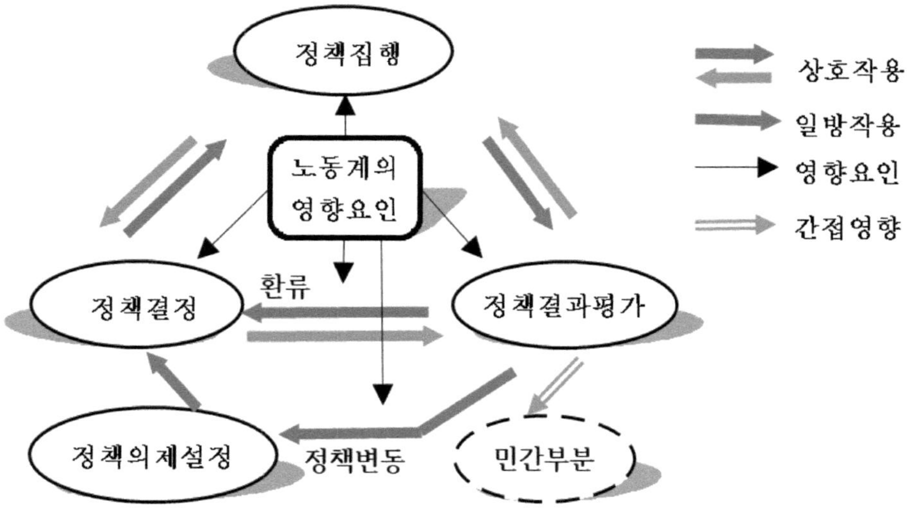

▌그림 2▐ 정책순환과정 · 정책변동과 영향요인

〈그림 3〉[3]은 '과정으로서의 메카니즘기반관점'을 나타낸 것이다. 여기서 매개변수로서의 메카니즘이 주체, 환경, 자원을 통합하는 과정으로서의 변수인 동시에 독립변수임을 보여주고 있다. 또한 메카니즘을 과정이 아닌 내용의 관점에서 조명해야 한다는 주장도 있다. 이에 대하여 통합적 패러다임으로서 메카니즘은 주체, 환경, 자원의 조합 순열 시간에 따라 결정되며, 조합 순열 시간을 강조하면 '과정'에서 경쟁우위가 나오며, 그 과정의 결과로 만들어지는 메카니즘을 강조하면 '내용'에서 경쟁우위가 나온다고 볼 수 있다(조동성, 2014). 이러한 ser-M의 메카니즘기반관점에서 정부의 '공공부문 비정규직의 정규직화 정책'을 주체로서의 정부, 환경으로서의 노동계, 자원으로서의 비정규직을 적용하여 분석하였다.

3) 출처: 메카니즘기반관점(조동성, 2014)

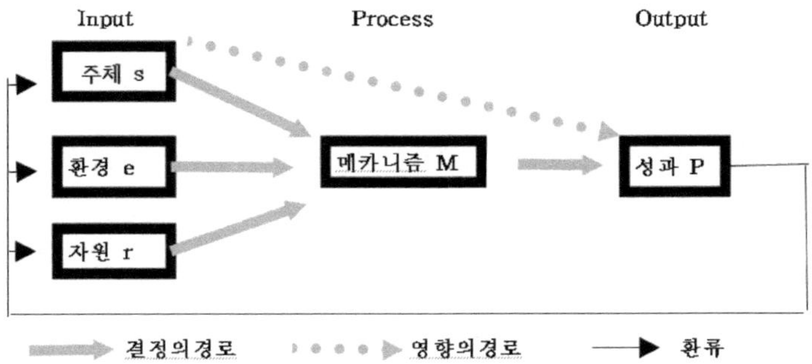

┃그림 3┃ 과정으로서의 메카니즘기반 관점

제2절 정책순환과정 모델 분석

2.1 정책집행 및 결과

2022년 판 고용노동백서(고용노동부. 2022)에 의하면, '21. 12 월말 기준으로 공공부문 1단계 정규직 전환추진 실적은 정규직으로 전환을 완료한 인원은 197,866명이었다. 이중 근무 중인 자를 정규직으로 채용한 전환채용이 165,016명, 경쟁방식에 의해 정규직으로 채용한 경쟁 채용은 32,850명이었다. 이를 전환방식으로 구분하면 직접 고용이 144,347명, 자회사 전환은 51,752명, 사회적기업과 협동조합 등 제3섹터가 1,767명이었다.

2단계 정규직 전환 기관인 600개 기관의 비정규직은 15,974명으로서 기간제 11,392명, 파견 · 용역 4,582명으로 이었다. 2021년 말까지 6,808명이 정규직으로 전환 결정되었고, 이 중 6,529명이 채용 절차 등을 거쳐 정규직으로 전환 완료되었다. 1.2단계 추진 시 노동계가 요구한 사항은 노동조합과 사전 협의하여 의견을 수렴할 것, 근로조건 저하(정년 단축)를 전제로 한 정규직화 반대, 전환논의 기구에 노동자 참여, 자회사 전환 자제 요구, 표준임금 체계는 원점에서 재검토하는 사회적 논의 요구, 예산 및 정원 확충 요구' 등이었다. 이에 대한 영향요인분석은 다음 2.2항의 공무직 위원회 설치와 2.3항의 분석 결과에 서술한다.

3단계로 정부는 2019년 2월 27일 민간 위탁 정책추진 방향을 발표하였다. 그러나 노동계에서는 '100개가 넘는 사업장에서 상시 지속적인 성격을 가진 1단계 업무임에도 3단계 민간 위탁으로 잘못 분류되었다'라고 문제점을 제기하고 시정을 요구하였다. 이에 정부는 재논의를 한 후, 2019년 12월 6일 최종 발표하였다. 그 내용으로, 적용 대상은 공공부문에서 사무를 다른 법인·단체 · 개인에게 맡긴 민간대행도 적용하며, 생활폐기물 수집 · 운반은 '용역근로자 보호 지침'(관계부처 합동, '12.1월)을 우선 적용하고 지침에 없는 내용은 이 가이드라인을 적용하도록 하였다. 그리고 위 · 수탁 계약 체결 때 '고용승계' '수탁 기간과 같은 근로계약 기간을 설정'하며, 노무비 전용 계좌를 개설토록 함으로써 정당한 노조 활동을 보장하는 계약서를 작성토록 하였다.

2.2 공무직위원회 설치

노동계는 고용노동부와 기획재정부에 공무직과 관련한 표준임금 체계, 예산 및 정원에 대하여 지속적으로 문제를 제기하고 노동계가 참여하는 논의기구를 설치할 것을 요구하였다. 이러한 노동계의 요구에 정부는 2020년 3월 27일 국무총리 훈령 제756호로 '공무직위원회 설치 및 운영에 관한 규정'을 시행하였다. 이후 공무직위원회는 산하에 발전협의회와 임금의제협의회를 구성하여 활동하였다. 공무직위원회는 고용노동부 장관이 위원장이 되고 관계부처인 기획재정부, 행정안전부, 교육부, 인사혁신처, 국무조정실의 차관급 5명과 전문가 등을 포함해 15명 내외로 구성하였으며, 2021년 3월 4일 제2차 공무직위원회에서 의제를 선정하고, 의제를 1~3단계로 구분하였다 〈표 21〉.

1단계 의제에 대하여 '22년 7월 이행 상황 점검 결과, 합리적 인사관리 기준으로서 역할을 하고 있으며, 복리·후생적 금품(식비, 명절휴가비, 복지포인트)의 지급은 차별

┃표 21┃ 공무직위원회 논의 의제

구분	기본 의제Ⅰ (보상 및처우)	기본의제Ⅱ (인사관리)	논의 현황
1 단계	1. 복리후생 3종 수당 차별 해소 2. 실비·법상의 수당 차별 해소 3. 비금전적 처우 차별 해소	1. 공무직 인식·문화 차별 해소 2. 교육훈련 기회 차별 해소 3. 공무직 채용·휴가·휴직·경력인정 등 관리 기준 마련 4. 공무직 성과평가체계 마련 5. 공무직 산업안전 보호	1. 복리후생 3종세트 이행계획' 수립('21.8월) 2. 인사관리 가이드라인 확정 및 배포('21.8월)
2 단계	4. 공무직 직무·직급체계 마련 5. 공무직 임금체계 마련 6. 임금 및 수당 격차 해소 7. 성과급 차별 해소 8. 공무직 인건비 제도 구축		3. 임금 및 수당 기준 마련 계획 수립('21. 8월) 4. 임금 의제협의회에서 논의 中('21.10월~)
3 단계		6. 공무직 정원·직제제도 개선 7. 공무직 법제도 개선 8. 공무직 관리체계 정비	5. 공무직 법제도 개선 의제를 발전협의회에서 논의 中('21.10월~)

자료: 공무직위원회 기획단, 공무직 발전협의회 논의 정리문(2022)

해소 및 처우개선에 이바지하였다〈표 22〉. 노·정 합의로 2021년 8월에 '임금 및 수당 기준 마련 계획'을 수립하였으며, 공공기관 저임금 공무직(평균임금 85% 이하)의 총인건비를 정규직보다 0.5%p 높게 증액 편성하도록 '22년 예산 운용지침을 개정하였다. 3단계에서는 공무직 법제화에 대체로 공감하였으나, 근로자의 지위에서 공무를 수행한다는 공무직의 이중적 속성을 고려하여 '공무직 법제화의 방향이 공무원 또는 공무원 전환이 아님'에 의견을 모았다.

┃표 22┃ 공무직 처우개선 예산 반영내역

구분	임 금 인 상 률	수 당
2021	1.5%(공무원 0.9%)	급식비, 월13만원을 14만원으로 인상함(공무원과 동일).
2022	1.8%(공무원 1.4%)	명절휴가비, 년 80만원을 100만원으로 인상함. 복지포인트, 년 40만원을 50만원으로 인상함.
2023	2.2%(공무원 1.7%)	명절휴가비, 년 100만원을 110만원으로 인상함.

출처; 공무직 위원회 기획단, 공무직 발전협의회 논의 정리문(2022)

2.3 분석 결과

이상과 같은 정책 과정별 노동계의 영향 요인을 정리하면 〈표 23〉과 같다. 첫째, 1단계 대상 전환업무임에도 3단계 민간 위탁으로 잘못 분류된 사업장이 있어 상시지속 업무의 기준을 개선하도록 요구하여 3단계 민간 위탁에 있어서 고용승계 보장을 비롯한 근로조건의 개선을 가져왔다.

둘째, 전환 협의에 노동계의 참여를 요구하여 전환협의체 및 공무직발전협의회, 임금의제협의회에 노동계가 참가하여 활동할 수 있었다.

셋째, 노동계에서 표준 임금체계 및 인사관리 등 처우개선을 요구하여 공무직위원회를 설치하고 산하 발전협의회 또는 임금 의제 협의회에 노동계가 참가토록 하였다. 그 결과 공무직 처우개선에 관하여 〈표 22〉와 같은 복지 3종 세트의 개선을 가져왔다.

넷째, 근로조건 저하 없는 전환 요구로 정년 65세 이상의 간접고용에서 직접 고용으로 전환되는 생명 안전 분야의 정년이 일시에 60세로 단축되는 것을 3~4년에 걸쳐 단계적으로 단축하도록 하였다.

그러나 정책평가 이후의 문제로 제기되고 있는 공무직의 법제화 미비, 공무직위원회의 활동 만료, 자회사 운영의 문제는 정책순환 과정에서 환류되지 않고 해결해야 할 과제로 남아있다. 또한 중앙행정부처는 그동안 간접고용으로 정년이 65세 이상인 청소 경비 등 고령자 친화 직종에 대하여 직접 고용 시 공무원의 정년과 같이 60세로 하려 하였으나, 노동계의 요구로 간접고용 시의 정년을 인정하기로 하였다. 그러나 전환 이후 새로 입사하는 직원들에게는 '정부청사 정규직 전환기준안'에 의거 정년 60세를 적용함으로써 해결해야 할 문제로 대두되어있다(한국철도사회산업노동조합, 2018).

| 표 23 | 정책과정 별 노동계 영향요인

<table>
<tr><th>과 정</th><th>영 향 요 인</th><th>반 영 내 용</th><th>비 고</th></tr>
<tr><td rowspan="2">정책 결정</td><td>상시 지속적인 업무를 판단하는 기준이 미비하다(3단계에서 상시 지속적인 업무를 수행하는 사업장을 민간 위탁으로 잘못 분류하였음).</td><td>3단계 분류 기준을 재설정하였음.</td><td rowspan="2">반영</td></tr>
<tr><td>전환 논의에 노동자가 참여해야 한다.</td><td>노동자 사용자 전문가가 협의회에 참여하는 노·사·전 협의회를 운영함.</td></tr>
<tr><td rowspan="3">집 행</td><td>직접고용 무기계약직은 정규직이 아니다. 간접고용 자회사를 남발하고 있으며 차별이 발생한다.</td><td>공무직위원회 설치, 처우개선 논의함(발전협의회 및 임금 의제협의회 운영에 노동계 참여).</td><td rowspan="3">반영</td></tr>
<tr><td>표준임금 체계는 저임금을 고착화 시키는 문제가 있다.</td><td>공무직 위원회 설치, 처우개선 논의함(발전협의회 및 임금의제협의회 운영에 노동계 참여).</td></tr>
<tr><td>생명 안전 업무의 직접 고용으로 간접고용의 정년 65세 보다 낮아진 정년 60세로 단축되었으며, 이는 근로조건 저하다.</td><td>정년 60세로의 단축을 3~4년 단계적으로 연착륙시킴.</td></tr>
<tr><td rowspan="5">결과 평가</td><td>공무직 처우개선이 미비하다.</td><td>공무직위원회 설치 처우개선 지속 요구함.</td><td rowspan="5">계속 요구</td></tr>
<tr><td>정규직화로 근로조건(정년)이 저하된 분야(중앙행정 부처)가 있다.</td><td>일부 개선(용역 당시 재직 인원은 기존 정년을 보장하고, 새로 채용된 인원은 정년 60세로 함). 새로 채용인원도 정년은 65세로 해야함.</td></tr>
<tr><td>공무직 위원회가 존속해야 하며, 공무직의 임금인상 및 처우개선을 위하여, 공무직 예산에 물가 인상률과 최저임금 인상률을 반영해야 한다.</td><td>미 반영</td></tr>
<tr><td>공무직제 신설해야 한다.</td><td>미 반영</td></tr>
<tr><td>자회사 운영의 문제로 공무직의 처우개선, 낙찰률 폐지, 총액 인건비 적용 제외해야 한다.</td><td>미 반영</td></tr>
</table>

그리고 공공부문의 정규직화 과정에서 정년이 단축되는 등 근로조건이 저하되자 민간부문에서 정규직화를 거부한 예가 발생하였다. 경희대학교는 2018년 11월 12일 간접고용 정규직을 직접고용 정규직으로 전환하기로 하였으나, 간접고용 근로자들이

정년이 70세에서 65세로 낮아지는 것에 항의하여 직접 고용 정규직 전환을 거부하였다. 이에 경희대학교는 자회사 운영을 폐지하고 최저가 낙찰 입찰을 진행하여 용역회사로 운영하고 있다(한국철도사회산업노동조합, 노사합의서, 2020). 이는 '정규직 전환 노동자의 요구사항 1순위는 근속연수 반영, 직무 가치를 고려한 임금체계 마련과 정년 연장이다(손헌일. 서옥순, 2020)'라는 연구 결과와 맥락을 같이 하고 있다. 이러한 결과는 정부가 비정규직의 정규직화 정책에 근로조건 저하 부분을 간과한 정책 오류의 결과다.

제3절 ser-M 모델 분석 및 결과

본 연구의 연구 대상인 정부의 비정규직의 정규직화 정책을 기업 경영전략인 ser-M 모델에 적용 분석하기 위하여 먼저 정부 정책의 순환과정을 ser-M 모델과 비교하였다. 본 연구 대상의 정책 주체(s)는 정부로서 고용노동부이며, 작게는 해당 부처의 담당실, 국이다. 그리고 환경(e)은 사용자 총연합단체, 노동조합 총연합단체, 최저임금 등 관련 법률, 제도와 예산에 관련되어있는 타 부처 등이다. 자원(r)은 공공부문의 직접 고용의 비정규직 근로자와 간접고용의 용역근로자, 이들의 근로조건, 고용형태 그리고 관련된 정부 예산 등이다.

여기서 정책 메카니즘(M)은 정부의 정책결정과 집행과정, 집행결과 평가의 각 순환과정에서 주체, 환경, 자원의 상호작용으로 설명되며, 이 상호작용을 원활하게 하는 메카니즘 요소는 공무직위원회의 설치와 역할이다. 정부가 주체가 되는 정책 결정은 기업의 경영정책에 상응하는 것이라고 볼 수 있으며 주체기반관점으로 설명된다(조동성, 2014).

또한 공공부문의 비정규직이 열악한 근로조건과 고용불안 등에 따른 정규직화 요구는 자원기반관점으로 설명되며, 고용형태를 개선하려는 노동계의 역할과 활동은 환경기반관점으로 설명된다. 그리고 정책결정과 정책집행과정, 정책결과평가의 순환과정에서 주체로서 정부의 영향, 환경으로서 노동조합총연합단체 등의 영향, 자원으로서 비정규직 근로자와 정부 예산 등이 공무직위원회를 중심으로 상호작용하여 매카니즘이 작동되고, 결과평가가 다시 매카니즘에 투입 반영되는 것은 메카니즘기반관점으로 설명된다.

아울러 주체 환경 자원이 어떤 내용으로 구성되어 있고, 어떤 순서로 상호작용을 하며, 어떤 시간적 방식에 따라 도입되는지에 따라 메카니즘이 달라지며, 관련된 변수를 조절함으로써 원하는 메카니즘을 만들 수 있다(조동성 2014). 즉, 메카니즘의 다양성은 조합, 순열, 시간이라는 세 가지 축의 차이에서 생겨난다.

〈그림4〉는 '공공부문 비정규직의 정규직화 정책을 ser-M 모델에 적용한 분석도'이다. 기업경영의 ser-M 모델에 적용한다면, 주어진 조건인 기존 환경(e) 속에서 정부가 주체(s)가 되어 자원(r)인 비정규직을 정규직으로 전환하는 자원혁신메카니즘(E-S-R) 유형으로 분류할 수 있다. 자원(r)인 비정규직은 고용이 불안하여 정규직화 욕구가 커지고, 환경(e)인 노동조합은 비정규직의 정규직화 욕구를 반영하기 위해 활동을 강화하게 되고, 주체(s)인 정부는 비정규직의 정규직화 정책 수립과 집행하는 과정에서 인사, 예산을 고려하는 등 각자의 입장을 반영하려고 하였다.

즉, 노동계는 근로조건이 최대한 개선되는 정규직을 요구하고, 정부는 예산의 미비로 노동계에서 요구하는 근로조건을 충족할 수 없으므로 갈등이 내재되면서 상호작용의 메카니즘 작동 결과가 미비하였다. 그러나 기업경영에서는 볼 수 없는 환경으로서 노동계의 적극적인 요구로 기획재정부를 비롯한 5개 부처가 추가로 참여하는 공무직위원회가 설치되어 새로운 메카니즘으로서 주체, 환경, 자원이 더욱 활발하게 상호작용할 수 있게 되었다.

구체적으로 공무직위원회에는 노동계와 정부 측에서 기존의 고용노동부 외에 예산을 담당하는 부서인 기획재정부와 행정안전부, 교육부, 국무조정실, 인사혁신처가 참여함으로써 메카니즘이 더욱 역동적으로 작동되었다고 분석되었다. 또한 결과평가에 의해 개선을 요구하는 사항이 메카니즘에 환류되어 개선사항을 도출하고, 환류되지 않으면 정부가 주체가 되어 새로운 의제 설정으로 정책변동론에 의한 새로운 정책

결정이 형성될 수 있다. 이는 새로운 메카니즘을 형성하여 ser-M 모델로 진행되었다. 공공부문의 비정규직의 정규직화는 ser-M 모델에 적용분석 결과, 정책순환과정 모델 분석과 같은 결과를 가져온 것으로 분석되었다.

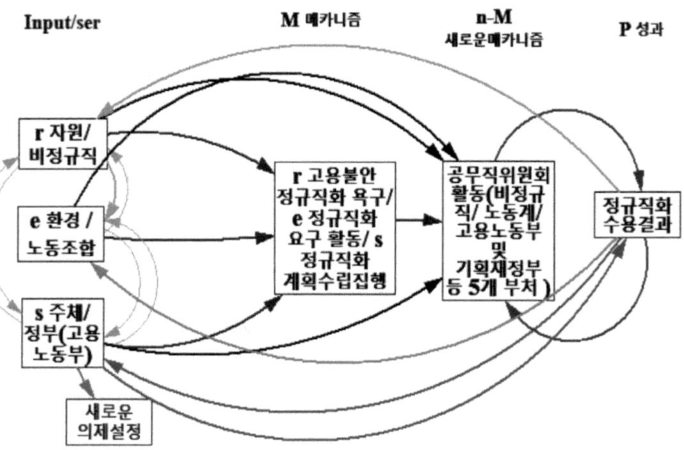

❙그림 4❙ 정부정책의 ser-M모델 적용 분석도

제4절 소결

공공부문 비정규직의 정규직화 정책의 노동계 영향요인 분석 결과, 일정부분 영향을 미친 것으로 분석되었다. 먼저, 상시지속 업무의 기준을 개선하도록 요구하여 3단계 민간 위탁에 있어서 고용승계 보장을 비롯한 근로조건의 개선을 가져왔다. 두 번째는 노동계에서 표준 임금체계 및 인사관리 등 처우개선을 요구하여 고용노동부 외에 5개 부처가 추가로 참여하는 공무직위원회를 설치하였다. 세 번째는 전환 협의에 노동계의 참여를 요구하여 전환협의체 및 공무직위원회 산하의 공무직발전협의회, 임금의 제협의회에 노동계가 참여하여 공무직 처우개선을 가져왔다. 네 번째는 근로조건 저하 없는 전환 요구로 정년 65세 이상의 정년이 일시에 60세로 단축되는 것을 3~4년에 걸쳐 단계적으로 단축하도록 하였다.

그러나 일부는 정책순환 과정에서 환류되지 않고 개선해야 할 과제로 남아있어 개선 과제를 제시한다. 개선과제로는 먼저, 공무직 법제화의 문제로서 법제화를 통한 권한과 책임에 대한 법령상 근거 마련이 필요하며, 공무원과 공무직 간 사회적 신분에 따른 포괄적이고 광범위한 차별이 만연하고 있어 이를 해결하기 위해서도 공무직의 법제화가 필요하다. 공무직 처우개선을 위하여 활동하는 공무직위원회는 2023년 3월로 활동 기간이 만료되었다. 그러나 공무직의 처우개선과 관련하여 국가인권위원회는 2020년 12월 14일 고용노동부 장관과 기획재정부장관에게 처우개선을 권고한 바 있다. 따라서 권고사항을 해결하기 위해서라도 공무직위원회의 활동이 재개되어야 한다.

그리고 자회사의 문제로서 간접고용인 용역 시절에 비해 처우개선이 미미한데, 근본적인 원인은 모·자회사 간의 계약 방식이 수의계약임에도 낙찰률을 적용하고 있는 문제와 공공기관 정규직 전환 자회사이면서 동시에 기타 공공기관일 경우 총액 인건비 규정을 준용 받게 되어, 자회사가 위수탁 계약상 인건비 전액을 노동자에게 지급하지 못하는 중간 착취의 문제가 발생하고 있다.

VI 결 론

제1절 요약 및 시사점

본 연구는 정부의 노동정책과 노동조합 활동과 관련된 '최저임금 기준 임금수준과 근로시간 간의 관한 연구', '최저임금을 기준으로 본 저임금근로자의 노동조합 임금효과', '공공부문 비정규직의 정규직화 정책순환과정의 노동계 영향요인분석' 등 3부분의 연구를 진행하였다.

연구의 진행 결과, 최저임금 인상에 따른 주 근로시간의 최저임금 추정 계수는 -0.001로서 이는 월 0.005시간이 감소 됨을 나타내는데, 이를 전년도 보다 최저임금이 820원 인상된 2019년에 적용하면 전년도에 비해 월 4.1시간의 근로시간이 감소하는 것으로 나타난다. 임금 범위별 비교분석에서는 기준범위(0.9~1.1)에 비해 1.1~1.3 범위와 1.3~1.5 범위의 주 근로시간은 각 1.89시간, 3.2시간 감소하였다. 반대로 하위범위인 최저임금 미만 0.7~0.9 범위와 0.5~0.7의 범위에서는 각 2.28시간, 5.7시간이 증가하였다. 이렇듯 최저임금 인상에 따라 근로시간이 전체적으로 감소하고 있으며, 기준범위 이상의 범위에서는 기준범위에 비해 근로시간이 감소하고, 기준범위 이하의 범위인 최저임금 미만에서는 근로시간이 증가하였다. 이러한 근로시간의 감소와 최저시급 미만 지급은 최저임금 인상의 효과를 상쇄시켰다.

그리고 저임금근로자의 임금은 최저임금 인상뿐만 아니라 '노동조합 임금효과'라고 하는 노동조합 활동의 영향을 받는다. 저임금근로자의 노동조합 임금 효과는 최저임금 1.5 이하의 저임금근로자 범위에서는 6.2%p로 양(+)의 결과를 보이며, 이를 최저임금 미만 근로자와 이상 근로자로 분리하여 분석한 결과, 각 8.4p%, 4.1p%로 양(+)의 결과를 보였다. 그리고 임금근로자 전체를 대상으로 한 분석에서도 1.5%p로 양(+)의 결과를 보였으나 최저임금의 1.5배를 초과한 범위에서는 노동조합 임금 효과는 나타나지 않았다.

이처럼 저임금 사업장 및 영세사업장에서는 노동조합의 임금 효과가 존재하며, 반대로 저임금 초과 사업장에서는 저임금 사업장보다 노동조합 비율이 높고 임금도 높았으나 노동조합의 임금 효과는 나타나지 않았다. 또한 모든 범위에서 비정규직 근로자가 정규직 근로자보다 임금이 4.9~5.9%p 낮은 것으로 분석되었다.

이러한 비정규직에 대하여 문재인 정부가 공공부문의 비정규직을 정규직으로 전환하는 정책 결정을 하고, 정책을 집행하는 정책순환 과정에서 노동계의 영향요인이 작용하였고, 그 결과로서 근로조건의 개선과 민간에 위탁한 공공부문의 고용승계 보장, 노동계의 요구로 고용노동부 외 5개 부처가 추가로 참여하는 공무직위원회를 설치하였으며, 전환협의체 및 공무직발전협의회와 임금의제협의회에 노동계가 참여함으로써 공무직의 처우개선 등을 가져왔다. 이를 경영 메커니즘인 ser-M 모델에 적용한 결과 자원혁신메카니즘(E-S-R) 유형으로 분류되며, 여기에 환경(E)으로서 노동계의 적극적인 활동으로 주체 환경 자원이 상호작용할 수 있는 메카니즘으로서 '공무직위원회'가 설치되어 더욱 역동적인 상호작용을 하는 것으로 분석되었다.

그러나 노동계가 요구한 사항 중 정책순환 과정에 반영되지 않아 앞으로 개선할 과제로는 공무직의 법제화를 통한 권한과 책임에 대한 법령상 근거 마련이 필요하며, 두 번째는 공무직 처우개선을 위한 공무직위원회의 활동 재개이며, 세 번째는 자회사의 문제로서 일반공무직과 자회사의 공무직 간, 모-자회사의 공무직 간의 차별이다.

이를 해결하는 방안으로서, 공무직의 법제화는 공무직의 신분 안정과 공무직 간의 직제 및 처우에서 체계적이고 합리적 관리기준, 동일가치노동, 동일 임금에 관한 명확한 판단지침이 필요하다. 그리고 공무직의 합리적인 인사관리 및 처우개선을 구체적으로 실행하고, 자회사의 전반적인 운용지침 개선을 논의할 수 있도록 기존의 공무직위원회와 같은 역할을 담당할 수 있는 기구를 설치·운영해야 한다.

또한 자회사의 문제는 일반공무직과 자회사의 공무직 간, 모·자회사 간의 공무직 임금 및 복리후생 부분은 동일하게 적용할 수 있도록 제도를 마련해야 한다. 이를 위해서 자회사의 낙찰률 폐지, 총인건비 규정 적용 제외, 제외 이전에라도 새로운 제도 도입이나 변경 등으로 증가하는 증액분은 시행 연도 첫해에는 증가분을 총액 인건비 계산에서 제외하는 등 자회사의 전반적인 운용지침을 개선하여야 한다.

위와 같은 연구 결과를 통해 제시할 수 있는 학술적 시사점은 노동경제 이론에서 제기하는 불완전한 노동시장의 결과로 볼 수 있는 최저임금 인상과 근로시간 간의 예측 가능한 추정계수를 도출한 부분, 그동안 간과됐던 저임금근로자들, 특히 최저임금 미만 범위에서 가장 높은 노동조합 임금효과를 실증연구를 통해 도출한 부분, 그리고 정부 정책에 작용한 노동계의 영향요인을 정책 순환론과 ser-M모델에 비교 분석하여 결과를 도출한 부분이다.

또한 전략적 시사점으로는 경영전략에 도움이 될 수 있는 저임금 범위에서 임금수준(시급) 간의 근로시간과 월 임금을 비교 추정할 수 있는 부분, 최저임금 인상에 따른 근로시간 축소와 최저임금 미만 지급에 대한 행정 감독 기능의 강화가 필요하다는 부분이다. 그리고 노동조합의 임금 효과가 저임금근로자 범위에서 분명하게 나타나는 만큼 노동조합 정상조직은 저임금근로자들의 조직화를 위하여 더욱 노력해야 하며, 저임금근로자들도 노동조합에 가입하고 활동하는 데에 좀 더 노력하는 것이 경제적 상황을 개선하는 데 도움이 된다는 부분, 정부의 고용노동정책에 있어서 노동계의 의견을 합리적으로 반영할 수 있도록 ser-M 모델의 메카니즘 역할을 역동적으로 수행한 '공무직위원회'를 존속시켜야 한다는 부분 등이다.

그리고 정책적 시사점으로는 최저임금 인상에 따른 근로시간 축소와 최저임금 미만 지급, 저임금근로자 및 비정규직의 전반적인 문제와 관련하여 '정부는 영세사업장에 세제 감면 등 재정적, 정책적 지원을 해야 하며, 또한 공공부문의 비정규직의 정규직화로 형성된 공무직의 신분보장과 처우개선을 위해 공무직 법제화 및 공무직위원회의 운영을 해야한다'는 점이다.

이어 경영계에서도 민간부문이지만 공공성을 가지고 있는 사립대학병원 등의 사업장에서 비정규직의 정규직화를 추진하는 노력을 해야 하며, 노동계도 저임금 영세사업장에 대한 세제 감면, 카드수수료 인하 등 경영 여건을 호전시키기 위한 각종 정책적 지원을 요구하는 활동을 해야 한다. 더 나아가 우리 사회 전반의 노동시장 이중구조 개선을 위해 노·사정이 협력하여 장기적인 정책적 대안을 마련해야 한다.

제2절 연구의 한계 및 향후 과제

본 연구에서 최저임금 수혜 범위의 임금수준과 근로시간 간의 관계를 회귀분석 하였으나, 회귀분석 변수들이 그 영향 요인들을 모두 반영하지 못한 부분, 또한 노동조합의 임금효과 연구에서 '임금상승 효과'와 '임금평등 효과'가 있으나 본 연구에서 노조의 '임금평등 효과'를 다루지 못한 부분이 있다. 그리고 최저임금 인상과 노동조합 활동이 임금에 미치는 경로를 실증 분석하여 분해(decompose)하지 못한 부분, 연구2의 최저임금 1.5배 초과 모형 2-4(표16)에서 대학원 졸이 고졸 이하보다 임금이 낮게 나타난 부분에 대한 분석이 이루어지지 못한 부분, 공공부문 비정규직의 정규직화 정책 순환과정에서 노동계의 영향요인이 반영되는 구체적인 의사결정 경로를 추정하지 못한 부분 등은 본 연구의 한계로 본다.

향후 연구에서는 최저임금 인상이 근로시간, 임금 등 근로조건 외에 복지 부문에 어떠한 영향을 미치는지에 관한 연구가 필요하다고 보며, 또한 사회적으로 대두되고 있는 최저임금의 구분 적용의 문제 및 결정구조에 대한 문제도 필요한 연구의 대상이 된다. 저임금근로자의 노동조합 임금 효과뿐만 아니라 연구의 한계로 지적되었던 노동조합의 임금 평등효과 연구와 더불어 노동조합의 고용율 및 고용 유지효과 연구도 필요하다.

또한 공공부문 공무직의 개선과제에 대한 지속적인 관찰과 연구의 필요성이 있으며, 특히 노동시장 이중구조 개선에 관한 연구로서 민간 부분이지만 사립대학교 병원 등과 같이 공공성을 가지고 있는 사업장의 비정규직의 정규직화에 관한 연구가 우선적으로 필요하겠다.

▣ 참고문헌

고용노동부 (2022a), “2022년판 고용노동백서”.

________ (2022b), “공무직위원회기획단 공무직발전협의회 논의정리문”.

관계부처합동 (2012), “용역근로자보호지침”.

__________ (2016), “보도자료 (2016. 2. 18)”.

__________ (2017), “공공부문 비정규직 근로자 정규직전환 가이드라인 설명자료”.

권유진 (2021), “저임금근로자들의 근로시간에 대한 최저임금 인상 정책의 영향분석: 2018, 2019년을 중심으로” 석사학위논문, 이화여자대학교 대학원, 서울.

금재호·최재문 (2021), “정규 비정규직 임금격차의 추세와 원인에 대한 분석,” 노동경제논집, 39(1), 103-135.

김규정 (1998), 행정학 원론, 경기;법문사.

김기우 (2008), 비정규직의 근로관계종료에 관한 법적고찰, 서울:한국노총중앙연구원.

김기우 · 남우근 · 엄진령. (2017). 공공부문 무기계약직 처우개선방안. 서울:한국노총 중앙연구원.

김기우 · 이종수 · 박선규 (2020), 공무직현황과 노동조합의 과제, 서울:한국노총중앙연구원.

김기우 · 이원희 · 박용철 (2020), 공공기관자회사의 운영실태 및개선방향연구, 서울:한국노총 중앙연구원 .

김대일 · 이정민 (2019), “2018년 최저임금 인상의 고용효과,” 경제학연구, 67(4), 5-35.

김수복 (2014), 비정규직노동법, 서울: 중앙경제.

김연명 (2010), “비정규직의 사회보험 사각지대 규모와 실태의 재검토,” 사회복지정책, 37(4), 155-179.

김영민 (2013), “최저임금 변화가 고용과 임금 불평등에 미치는 효과,” 성균관대학교 박사학위논문.

김영민 · 정지훈 (2019), “최저임금이 산업별 임금과 근로시간에 미치는 영향,” 한국경제연구, 38(4), 95-119.

김우영 · 최영섭(1996), “노동조합의 임금효과는 존재하는가?” 노동경제논집, 19(1), 29-52.

김유선 (2009), “2009년 비정규직의 규모와 실태,” 노동사회,149, 44-80

______ (2015), 최저임금의 수혜자와 미달자, 서울, 한국노동사회연구소.

______ (2021), 비정규직 규모와 실태, 서울, 한국노동사회연구소.

김장호 (1991), "노동조합의 임금효과: 우리나라 제조부문에서의 노동조합 유무별 임금결정 메커니즘의 차이," 경제학 연구, 39(1), 21-44.

______ (2008),"노동조합 임금 효과의 변화," 노동경제논집, 31(3), 75-105.

김정우 (2022),"초기업단위교섭과 임금 불평등," 산업노동연구, 28(3), 43-71.

김종진 (2017),"공공부문비정규직정규직화가이드라인평가와과제," 노동사회, 196, 26-37,

김창오 (2020), "노동조합은 근로자의 임금불평등에 어떠헌 영향을 미치는가?" 산업노동연구, 26(3), 323-348.

김철 · 남우근 · 엄징령 · 이상훈 (2017), 공공부문 비정규직 정책평가 연구보고서, 서울:사회공공연구원.

김태훈 (2019), " 최저임금 인상의 고용 및 임금효과," 노동정책연구, 19(2), 135-174.

김혜진 (2016), "공공부문 비정규노동조합의 임금체계 개편 활동과 직무급제에 대한 인식: 무기계약직을 둘러싸고," 산업노동연구, 22(3), 1-46.

김현중 · 오태연 · 윤자영 (2023a),"최저임금기준 임금수준과 근로시간 간의 관한 연구," 대한경영학회지, 36(5), 777-798.

____________________ (2023b). "최저임금을 기준으로 본 저임금근로의 노동조합임금효과", 노동정책연구. 23(4). 125-153.

____________________ (2023c). "문재인정부의 공공부문 비정규직의 정규직화 정책순환과정의 노동계의 영향요인분석", 메카니즘연구, 제5호. 21-39.

김황조 · 성백남 · 최강식(2004),"한국의노동조합임금효과:1987-2001," 한국경제학보, 11(1), 21-45.

김희성 (2015), 비정규고용의 대책에 관한 연구보고서, 서울:한국경제 연구원, 15-24.

김희성 · 이재현 (2022), "비정규직 근로자의 정규직 전환에 따른 근로조건 설정 기준," 산업관계연구, 32(3), 59-87.

노광표 (2012), "공공기관 선진화정책 평가와 대안적정책 의모색," 산업노동연구, 18(2), 243-272.

______ (2019), "문재인정부 1기 노동정책평가 및 향후과제," 한국노동사회 연구소,

2019(15).

노용진 (2011), "2000년대 중반 노동조합의 임금교섭 성과 분석 2005년과 2007년을중심으로," 노동정책연구, 11(1), 103-130.

류재우 (2007), "노동조합과임금구조", 노동경제논집, 30(1)31-53.

민인식 · 최필선 (2022), 고급패널 데이터분석, 서울, 주)지필미디어.

박연호 · 이종호 · 임영제 (2018), 행정학개론, 서울: 박영각.

백학영 (2013), "정규직과 비정규직의 임금 격차와 불평등 그리고 빈곤: 연령집단별 차이를 중심으로," 사회복지정책, 40(3), 75-105.

변양규 (2013), "정규직전환 강제규제가 고용에 미치는 영향," 규제연구, 22(1), 1.

손헌일 · 서옥순 (2020), 부산시 공공부문 비정규직의 정규직 전환실태.

신우리 · 송헌재 (2016), "우리나라 노동조합이 여성근로자의 임금에 미치는 영향,"노동경제논집, 39(3), 99-124.

신우리 · 송헌재 · 임현준 (2019), "최저임금조정이 노동자들의 노동시간과 노동소득에 미치는 영향," 노동경제논집, 42(1), 73-105.

양준석 · 장윤섭 (2019), "최저임금인상이 자영업자에게 미친 영향: 2018년 최저임금 16.4% 인상을 중심으로," 경제학연구, 67(4), 37-67.

옥동석 · 김군수 · 김현석 · 김성수 · 한경동 (2007), 한국의 공공부문 현황과 과제, 서울:한국경제연구원.

우광호 (2015), 비정규법의 풍선효과 분석과 시사점, 서울 : 한국경제연구원, 15-51.

우양호 (2008), "공공 서비스 관리이론의 한국적 적실성에 관한 비교연구 : 신 공공관리론과 신 공공 서비스론을 중심으로," 지방정부연구, 12(2), 249-2

유성규 · 고경섭 · 김유경 · 이진아 · 황재인 · 안현경 (2017), 공공부문 비정규직 고용 현황과 과제, 서울 : 한국노총중앙연구원.

유 훈 (2016), 정책집행론, 경기 : 대영문화사.

윤정향 · 조은주 · 박승흡 · 박영삼 · 손정순 · 박종식(2002), 한국의 비정규직노동자, 서울 : 한국노총 중앙연구원.

이경호 · 김지환 · 최지훈 (2019), "최저임금인상이 신규근로자 고용과 근로시간에 미치는 영향," 노동경제논집, 42(2), 63-99.

이병희 (2008), “최저임금의 고용 유지 및 취업유지효과,” 산업노동연구, 14(1), 1-24.
이병희 (2017), “노동조합이 임금분배에 미치는 영향:1987-2016,” 경제발전연구, 23(4), 1-31.
이옥매 (2012), “젊은층의 고용에 미치는 최저임금의 영향에 대한 분석,” 석사학위논문, 중앙대학교 대학원, 서울.
이인재 (2011), “정규직과 비정규직의 임금격차-사업체-근로자 연결패 널을 이용한 추정,” 노동경제논집, 34(3),119-139.
이정현 (2004), “한국노동조합은 어느 집단을 위한 조직인가? : 1987-1999년 까 지 집단별 노조임금효과의 변화,” 인사조직연구, 12(2), 105-142.
정도범 (2018), “정규직/비정규직 근로자 여부와 직장만족도의 관계: 청년층의 집단별 차이에 관한 비교,” 노동정책연구, 18(4), 105-130.
조동훈 (2008), “패널자료를 이용한 노동조합의 임금효과분석, ”노동 경제논집, 31(2), 103-128.
조우현 · 황수경 (2016), “새로운 노동경제학”, 경기, 법문사.
전국철도노동조합 (1997), 철노50년사.
최저임금위원회 (2019), 공청회 및 현장방문 결과보고서.
최저임금위원회 (2021a), 2020년 활동 보고서.
______________ (2021b), 최저임금심의편람.
______________ (2021c), 실태조사분석최종보고서.
______________ (2021d), 주요노동·경제지표분석.
최저임금위원회 (2022a), 임금실태 등 분석.
______________ (2022b), 최저임금적용효과에 관한 실태조사분석보고서.
______________ (2022c), 최저임금 적용효과에 관한 실태조사분석보고서.
한국노총비정규연대회의(2006),한국노총비정규노동운동사례연구, 서울:한국 노총중앙연구원.
한국노동조합총연맹 (2018), 한국노총 2017년도 사업보고서.
한국노동조합총연맹 (2019), 한국노총 2018년도 사업보고서.
한국노동조합총연맹 (2020), 한국노총 2019년도 사업보고서.
한국노동조합총연맹 (2021), 한국노총 2020년도 사업보고서.

한국노동조합총연맹 (2022), 한국노총 2021년도 사업보고서.

한국노동조합총연맹 (2023), 한국노총 2022년도 사업보고서.

한국철도사회산업노동조합 (2018), 2017년도 사업보고서(정부청사정규직전환기준안).

한국철도사회산업노동조합 (2020), 2019년도 사업보고서(2020노사합의서).

한국통계학회 (2007), 최저임금 적용 효과에 관한 실태조사 표본설계 최종보고서.

황선자 · 김형탁 · 장희은 (2018), 공공부문 비정규직 정규직화 중간 점검과 개선방안, 서울: 한국노총 중앙연구원.

황선웅 (2018a), "문재인 정부 1년 공공부문비정규직정책평가:정책패러 다임의전환?," 산업노동연구, 24(2), 29-59.

_____ (2018b), "최저임금의고용효과: 메타회귀분석," 산업관계연구, 28(4), 25-47.

현승현 · 김선엽(2012), "정책딜레마상황에서 정부의 대응전략분석-비정규보호법사례 를 중심으로," 한국비교정보학보, 16(1), 195-220.

홍민기 (2019), "2018년 최저임금인상의 효과 추정," 경제발전연구, 25(2), 1-28.

홍장표 · 문영만 (2022), "2018-2019년 최저임금인상의 고용 및 소득효과," 산업노동연구, 28(1), 103-134.

Blanchflower, D. G. and A. Bryson (2002), "*Changes over Time in Union Relative Wage Effect in the UK and the US Revisited,*" NBER Working paper 9395(2002).

Card D, and A. Krueger(1994), "Minimum Wage and Employment: A Case Study of the Fast-Food Industry in New Jersey and Pennsylvania," *The American Economic Review,* 84(4),772-793.

Card, David.(2001), "The Effects of Unions Wage Inequality in the U.S. Labor Market," *Industrial and Labor Relations Review.* 54(2001), 296-315.

Cengiz, D., A. Dube, A. Lindner and B. Zipperer(2019), "The Effect of Minimum Wages on Low_wage Jobs," *Quarterly Journal of Economics,* 134(3),1405-1454.

Denhardt, R. B. and Denhardt, J. V. (2003), "The New Public Service: An Approach to Reform," *International Review of Public Administration,* 8(1), 3-10.

______________________________ (2007), *The New Public Service: Serving. Not Steering(Hardcover/Expanded Edition),* Armonk, NY: M. E. Sharpe, 1-240.

DiNardo, J., Fortin, Nicole M., and Lemieux, T(1996), "Labor market institutions and the distribution of wages, 1973-1992: A semi-parametric approach," *Econometrica.* 64(5),1001-1044.

Jirdim, E., Long, M. C., Plotnick, R., Van Inwegen, E., Vigdor, J.,& Wething, H.(2017), "Minimum wage increases, wages, and low-wage employment: Evidence from Seattle(0898-2937)," Retrieved from National Bureau of Economic Research.

Juhn, Chihui, Kevin M. Murphy, and BrooksPierce.(1991), "Acounting for the Slowdown in Black-white Wage Convergence," Workers and Their Wage: Changing Patterns in the United States, 107-143.

Lasswell,H.D (1975), *Research policy analysis:the intellgence and apprasisal functions.* In Handbook of politica science. Greenstein, F. I & Polsby, N.W.(eds.) Reading. MA:Addison-Wesley.

McDonald, Ian and Slow,Robert (1981), "Wage Bargaining and Employment," *American Economic Review* 71, 896-908.

Merkle, Jessica S., phillips, Michelle Andrea(2018), "The wage impact of teachers unions: a meta-analysis," *Contemporary economic policy,* 36(1), 93-115.

Neumark D. and W. Wascher (2000), "Minimum Wage and Employment: A Case Study of the Fast-Food Industry in New Jersey and Pennsylvania : Comment," *The American Economic Review,* 90(5), 1362-1396.

________________________ (2004), "Minimum Wage, Labor Market Institutions, and Youth Employment: A Cross-National Analysis," *Industrial and Labor Relations Review,* 57(2), 223-248.

________________________ (2006), "Minimum Wage and Employment : A Review of Evidence from the New Minimum Wage Research," *NBER Working Paper,* No. 12663.

Nickell, s. and W. Wadhwani (1990), "Insider Forces and Wage Determination," *Economic Journal,* 100(401), 496-509.

Peters, G. B 1996, *The Future of Governing:Four Emerging Models,* University of Kansas. 고숙희 외 옮김(1998). 미래의 국정관리. 서울: 법문사.

Rosen, Sherwin(1986), *The Theory of Equalizing Differentials.* In Handbook of Labor Economics, edited by Orley C.A shenfelter and Richard Layard, 641-692, New York: North Holland.

Schmidt, Torben Dall(2022), "Local institutios,union wage effects and native-foreign wage gaps," *Regional Studies,* 56(3), 433-446.

Solow, R. M(1985), "Insiders and Outsiders in Wage Determination." *Scandinavian Journal of Economics*, 87(2), 411-428.

Wang, Wen, Lien, Donald (2018), "Union membershlp, union coverage and wage dispersion of rural migrants: Evidence from Suzhou industrial sector," 49, 96-113.

Western, Bruce and Kake Rosenfeld (2011), "Unions, Norms, and the Rise in U.S. Wage Inequality," *American Sociolgical Review,* 76(4), 513-537.

▣ 부 록

┃부표 1┃ 표 4의 노동계의 영향 요인 중 중략된 내용

일 자	종 류	주 요 내 용
2020.10.6	기자 회견	-공무직 발전협의회의 논의 결과가 시급히 정부 정책에 반영되어야 한다. (한국노총-노동존중 실천 국회의원단 「공무직 처우개선 TF」 공동)
2020.10.14	토론회	-공공기관 자회사의 운영실태 및 개선방향- 모 기관과의 공동책임 속에서 방안 모색 필요하다.
2020.11.19	성명서	-비정규직 차별 및 상시지속 업무에 정규직 고용원칙을 확립하기 위한 근본적인 해법은 비정규직법 개정이다.
2020.11.20	토론회	-공무직 현황과 노동조합의 과제- 공무직 제의 법제화와 인사관리의 체계화가 절실함. 정부의 제도개선방안 심화와 노동조합의 과제를 모색할 필요함.
2020.11.26	기자 회견	-공무직 처우개선 예산확보- 공공부문 공무직의 신분과 권한을 분명히 하는 법제화 요구함. 식대, 명절 상여금, 복지포인트와 같이 직무와 상관없는 수당은 차별 없이 지급 요구함.
2021.4.1	토론회	-공무직 법제화 토론회- 무기계약직으로 전환된 약 60만 명의 공무직 노동자는 법률에 정해진 신분과 지위가 없는 상태이기 때문에 법제화가 필요하다.
2021.4.	관계처 문서전달	공무직 노동자에 대한 인사관리 가이드라인(안) 전달함.
2021.4.28	기자 회견	-공무직 및 공공부문 비정규노동자들은 차별 해소와 비정규직 철폐를 위한 정부 변화를 촉구함.
2021.6.4	관계처 문서전달	2021년 상반기 공무직 차별 해소 (안) 전달함.
2021.10.6	관계처 문서전달	공무직 법적 지위 보장 및 처우개선을 위한 입법 방향을 제시함.
2022.10.15	관계처 문서전달	-공무직 노동자 임금 의제 및 개선과제- 3종 세트(식대, 복지포인트, 명절 상여금)의 현실화 요구함.

일 자	종 류	주 요 내 용
2021.11.2	국회 문서전달	-공무직 차별 해소 예산, 공무직 법제화- 복리후생비를 공무원과 동일하게 지급 요구 및 공무직 법제화 요구함.
2021.11.3	기자 회견	-공무직 차별 해소 예산편성 및 법제화 촉구- 복리후생비 차별 해소를 위한 예산편성과 공무직 법제화 요구함.
2021.11.22	간담회	공무직 처우개선 차별 해소 2022년 예산 반영 촉구함.(양대 노총-국회 예결위 간사 간담회)
2021.12.22	기자 회견	-비정규직 고용안정, 노동기본권 보장촉구- 비정규직 1천만 명으로 계속 증가, 기간제법 파견법 폐지 요구함.
2022.8.30	성명서	공무직 예산에 물가인상률과 최저임금 인상률 반영하라!
2022.8.	관계처 문서전달	-공무직 인건비 예산 요구안 및 제도개선 요구안- 기본급 5%이상 인상 요구, 직무와 무관한 수당은 공무원과 동일 지급에 필요한 예산 총 1,346억원 요구, 공무직위원회 지속 운영 및 노동계 참여 보장 요구함.
2022.10.19.	토론회	-공무직위원회 이대로 끝낼 것인가? 2023년 3월로 종료되는 공무직위원회를 지속 운영 요구함.
2022.1. 8	기자 회견	공무직 임금에 물가 인상률 및 최저임금 인상률을 반영할 수 있도록 예산 확대 요구 및 공무직위원회 상설화 요구함.
2022.10.19	토론회	-공공부문 비정규직 근본적 해법 마련을 위한- 임금인상 및 수당 현실화를 비롯하여 법제도 개선 등을 요구함.
2022.1. 8	기자 회견	-공무직 예산확대 및 공무직위원회 상설 운영 촉구- 물가 인상률과 최저임금 인상률 반영, 국가인권위 권고와 전문가 건의서 내용을 토대로 공무직 예산 재편성, 공무직위원회 상설 운영을 위한 국회 역할을 촉구함.
2022.12.20	기자 회견	-2023년 3월 31로 그 효력이 만료되는공무직위원회의 존속을 요구함-
2022.12.22	관계처 문서전달	공무직위원회법 제정 등 공무직위원회 상설 운영 촉구함. (여야정당 및 고용노동부,기획재정부에 전달함)
2023.4.18	기자 회견	공무직 위원회의 상설화 및 공무직위원회법 제정 촉구함.

❙부표 2❙ 표 6의 0.5~1.5 범위 변수 기초통계량 중, 중략된 대분류산업업종 (단위: 명, %)

산업분류업종	빈도	비율	산업분류업종	빈도	비율
I/숙박및 음식점업	2,199	10.52	L/부동산업및임대업	920	4.40
B/광업	9	0.04	M/전문과학 및 기술서비스	540	2.58
C/제조업	3,936	18.84	N/사업시설관리및 사업지원	940	4.50
D/전기가스,증기및 수도	58	0.28	O/공공행정,국방및 사회보장	687	3.29
E/하수및폐기술처리,원료 재생및환경	68	0.33	P/교육서비스업	1,236	5.92
F/건설업	970	4.64	Q/보건업 및 사회복지서비스	3,083	14.75
G/도매및 소매업	3,045	14.57	R/예술스포츠 여가관리서비	352	1.68
H/운수및 창고업	914	4.37	S/협회단체,수및기타개인 서비스업	1,030	4.93
A/농업,임업및어임업	144	0.69	T/가구내고용활동및달리 분류되지 않은	104	0.50
J/출판영상방송통신및 정보통신업	386	1.85	U/국제 및 외국기관	5	0.03
K/금융및 보험업	270	1.29	계	20,896	100

┃부표 3┃ 표 9의 고정효과 추정결과 중 중략된 추정결과표

구분	모형1		모형2	
변인	추정계수	t(p)	추정계수	t(P)
기업형태(기준변수: 민간)				
공공	-0.764**	-2.96(0.003)	-0.764**	-2.97(0.003)
법인단체 등	0.046	0.23(0.82)	0.046	0.23(0.819)
연령(기준변수: 41-60세)				
61~70세	-0.632***	-4.16(0.000)	-0.631***	-4.16(0.000)
25~40세	-2.093***	-8.98(0.000)	-2.095***	-8.98(0.000)
18~24세	-2.054***	-6.48(0.000)	-2.052***	-6.47(0.000)
교육수준(기준변수: 고졸이하)				
전문대졸	-0.563	-0.52(0.601)	-0.560	-0.52(0.602)
대졸	-0.253	-0.22(0.826)	-0.248	-0.22(0.829)
대학원졸	0.538	0.39(0.697)	0.551	0.4(0.69)
혼인여부(기준변수: 미혼)				
기혼	0.242	0.96(0.336)	0.247	0.98(0.327)
사별,이혼 등	0.290	0.66(0.507)	0.291	0.67(0.506)
종업원수(기준변수: 300인 이상)				
100~299	0.06	0.39(0.694)	0.058	0.38(0.704)
30~99	0.103	0.62(0.533)	0.101	0.61(0.542)
10~29	0.166	0.91(0.362)	0.164	0.9(0.367)
5~9	0.137	0.68(0.459)	0.135	0.67(0.502)
1~4	0.180	0.87(0.383)	0.181	0.88(0.38)
노조유무(기준변수: 있음)				
없음	-0.184	-1.27(0.205)	-0.182	-1.25(0.210)
산업 업종(기준변수: I/숙박 및 음식점업)				
B/광업	2.705	1.07(0.285)	2.706	1.07(0.285)
C/제조업	-3.338***	-8.95(0.000)	-3.338***	-8.95(0.000)
D/전기 가스,증기 및 수도사업	-2.741*	-2.32(0.020)	-2.735*	-2.32(0.021)

구분	모형1		모형2	
변인	추정계수	t(p)	추정계수	t(P)
E/하수 및 폐기술처리, 원	-2.516*	-2.28(0.022)	-2.508*	-2.28(0.023)
F/건설업	-4.643***	-9.78(0.000)	-4.639***	-9.77(0.000)
G/도매및 소매업	-1.554***	-4.15(0.000)	-1.557***	-4.15(0.000)
H/운수및 창고업	-1.441**	-2.83(0.005)	-1.435**	-2.81(0.005)
A/농업,임업및어임업	-3.503*	-2.35(0.019)	-3.515*	-2.36(0.018)
J/출판영상 방송통신 및 정보통신업	-3.357***	-5.85(0.000)	-3.363***	-5.86(0.000)
K/금융및 보험업	-2.205***	-3.44(0.001)	-2.202***	-3.44(0.001)
L/부동산업 및 임대업	-3.012***	-5.58(0.000)	-3.010***	-5.58(0.000)
M/전문과학 및 기술서비스업	-3.810***	-7.76(0.000)	-3.809**	-7.75(0.000)
N/사업시설관리 및 사업지원서비스	-4.308***	-8.74(0.000)	-4.310***	-8.75(0.000)
O/공공행정,국방및사회 보장행정	-4.746***	-5(0.000)	-4.747***	-5(0.000)
P/교육서비스업	-4.960***	-9.01(0.000)	-4.960***	-9.01(0.000)
Q/보건업및 사회복지서비스업	-4.177***	-9.48(0.000)	-4.176***	-9.48(0.000)
R/예술스포츠 및 여가관리서비스업	-2.641***	-3.96(0.000)	-2.641***	-3.96(0.000)
S/협회단체, 수리 및 기타 개인서비스	-1.303*	-2.48(0.013)	-1.305*	-2.48(0.013)
T/가구내고용활동 및 달리분류되지	-13.985***	-8.07(0.000)	-13.990***	-8.07(0.000)
U/국제 및 외국기관	-2.864	-0.47(0.641)	-2.856	-0.47(0.642)

주 ; *** p〈0.001. ** p〈0.01. * p 〈0.05

| 부표 4 | 표 11의 기초 통계량 중, 모형1(전체)의 중략된 대분류 산업업종 (단위: 명, %)

산업분류업종	빈도	비율	산업분류업종	빈도	비율
I/숙박및 음식점업	2,647	5.49	L/부동산업및임대업	1,687	3.50
B/광업	26	0.05	M/전문과학 및 기술서비스	2,072	4.30
C/제조업	11,274	23.38	N/사업시설관리및 사업지원	1,564	3.24
D/전기가스,증기및 수도	361	0.75	O/공공행정,국방및 사회보장	3,146	6.53
E/하수및폐기술처리,원료 재생및환경	220	0.46	P/교육서비스업	3,677	7.63
F/건설업	3,332	6.91	Q/보건업 및 사회복지서비스	5,026	10.42
G/도매및 소매업	4,980	10.33	R/예술스포츠 여가관리서비	622	1.29
H/운수및 창고업	2,072	4.30	S/협회단체,수및기타개인 서비	1,751	3.63
A/농업,임업및어임업	297	0.62	T/가구내고용활동및달리 분류되지 않은	129	0.27
J/출판영상방송통신및 정보통신업	1,730	3.59	U/국제 및 외국기관	28	0.06
K/금융및 보험업	1,571	3.26	계	48,212	100

주 ; *** p〈0.001. ** p〈0.01. * p 〈0.05

| 부표 5 | 표 15의 모형 1, 2-1, 2-4의 중략된 산업업종 추정결과표

(단위: %)

로그시급	전 체(모형1)		1.5배이하(모형2-1)		1.5배초과(모형2-4)	
	추정계수	t	추정계수	t	추정계수	t
산업업종(기준변수: 숙박 및 음식점업)						
B/광업	0.125	1.44	0.256	1.02	0.101	0.51
C/제조업	0.119***	9.47	0.115***	7.76	-0.007	-0.15
D/전기 가스,증기 ..	0.102**	2.57	0.031	0.44	0.065	0.93
E/하수 및 폐기술처..	0.083*	2.22	-0.010	-0.18	-0.059	-0.84
F/건설업	0.145***	9.07	0.171***	6.98	0.007	0.14
G/도매및 소매업	0.070***	5.56	0.057***	4.07	-0.018	-0.36
H/운수및 창고업	0.069***	4.01	0.078***	3.48	-0.056	-1.03
A/농업,임업및어임업	-0.024	-0.49	-0.149*	-2.55	0.252*	2.28
J/출판영상 방송통..	0.180***	9.24	0.069*	2.23	0.066	1.27
K/금융및 보험업	0.166***	7.66	0.042	1.13	0.109*	1.99
L/부동산업 및 임대업	0.067***	3.8	0.074***	3.51	-0.027	-0.5
M/전문과학 및..	0.116***	7.06	0.115***	4.89	-0.016	-0.32
N/사업시설관리 및 ..	0.065***	3.98	0.060**	3.13	-0.063	-1.18
O/공공행정, 국방 및 ..	0.020	0.64	0.058	1.52	-0.120	-1.63
P/교육서비스업	0.074***	4.08	0.075***	3.32	-0.050	-0.9
Q/보건업 및 사회복..	0.096***	6.5	0.097***	5.94	-0.009	-0.17
R/예술스포츠 및 여..	0.033	1.49	-0.011	-0.39	0.112	1.74
S/협회단체,수리 및..	0.025	1.45	0.023	1.13	0.001	0.02
T/가구내고용활동 ..	0.233***	3.92	0.237***	3.88	0.746**	3.13
U/국제및 외국기관	0.265	1.26	0.000		0.000	

주 ; *** p<0.001. ** p<0.01. * p <0.05

| 부표 6 | 표 16의 모형 2-1, 2-3의 중략된 산업업종 추정결과표

(단위: %)

로그시급	1.0 미만(모형2-2)		1.0-1.5(모형2-3)	
	추정계수	t	추정계수	t
산업업종(기준변수 : 숙박 및 음식점업)				
B/광업	0.000		0.139	1.06
C/제조업	0.041	1.71	0.044**	2.92
D/전기 가스,증기..	-0.048	-0.43	-0.053	-0.77
E/하수및 폐기술처리,..	0.174	1.25	0.003	0.09
F/건설업	0.186**	3.14	0.078***	3.84
G/도매및 소매업	0.013	0.63	0.026	1.71
H/운수및 창고업	0.092	1.9	0.029	1.64
A/농업,임업및어임업	-0.051	-0.58	-0.051	-0.79
J/출판영상 방송통신 및..	0.034	0.5	0.085***	3.6
K/금융및 보험업	-0.029	-0.45	0.089**	2.78
L/부동산업 및 임대업	0.064*	2.05	0.059**	2.61
M/전문과학 및 기..	0.005	0.09	0.060**	3.12
N/사업시설관리및 사업..	-0.006	-0.19	0.032	1.76
O/공공행정,국방	0.016	0.3	0.057	1.66
P/교육서비스업	-0.014	-0.4	0.002	0.08
Q/보건업 및 사회..	0.100***	4.03	0.012	0.74
R/예술스포츠 및 ..	-0.005	-0.13	0.064*	2.18
S/협회단체,수리 및기타..	0.012	0.41	0.032	1.55
T/가구내고용활동 및 달..	0.187*	2.43	0.046	0.35

주 ; *** p〈0.001. ** p〈0.01. * p 〈0.05

| 부표 7 | 표 17의 모형 2-5, 2-6의 중략된 산업업종 추정결과표 (단위: %)

로그시급	1.5배초과3.0이하(모형2-5)		3.0배 이상(모형2-6)	
	추정계수	t	추정수	t
산업업종(기준변수 : 숙박 및 음식점업)				
B/광업	0.134	0.91	0.000	
C/제조업	-0.008	-0.21	0.114	1.59
D/전기 가스,증기..	-0.093	-1.59	0.239	1.24
E/하수 및 폐기술처리,..	-0.062	-1.1	0.000	
F/건설업	0.010	0.27	0.010	0.14
G/도매및 소매업	-0.038	-1.01	0.103	1.25
H/운수및 창고업	-0.053	-1.27	0.176	1.79
A/농업,임업및어임업	-0.122	-0.79	0.222	1.52
J/출판영상 방송통신 및..	0.011	0.28	0.086	1.01
K/금융및 보험업	0.024	0.51	0.088	1.05
L/부동산업 및 임대업	-0.043	-1.03	-0.088	-0.82
M/전문과학 및 기..	-0.031	-0.81	0.105	1.36
N/사업시설관리 및 사업..	-0.060	-1.44	0.020	0.18
O/공공행정,국방.	-0.145*	-2.18	-0.121	-0.87
P/교육서비스업	-0.016	-0.36	0.131	1.39
Q/보건업 및 사회..	0.015	0.36	0.006	0.07
R/예술스포츠 및 ..	0.006	0.12	0.000	
S/협회단체,수리 및기타..	0.021	0.47	0.000	
T/가구내고용활동 및 달..	0.604***	3.38	0.000	
U/국제 및 외국기관	0.000		0.000	

주 ; *** p<0.001. ** p<0.01. * p <0.05

▣ ABSTRACT

Analysis of the Influencing Factors of FKTU and Changes in Working Conditions for Low-wage Workers based on Labor Policy - Centered on the Increases in Minimum Wage and Regularization of Non-regular Workers in Public Sector -

Kim Hyun-joong
Seoul Business School, aSSIST University

The study analyzed how the labor policy affects the working conditions of low-wage workers and influencing factors on the Federation of Korea Trade Unions (FKTU). This study focuses on the low-wage workers under the considerable influence of the minimum wage among the wage workers and low-wage non-regular workers employed in public sectors.

First, the study analyzed if the increases in minimum wage have actual impacts on the overall economic status of workers. The study also estimates the predictable correlation between the increases in the minimum wage and working hours based on the analysis of the relations between wage level and working hours when the minimum wage has been raised. Remarkably, the study pays more attention to estimating and analyzing the changes in working hours of low-wage workers largely exposed to the minimum wage. By utilizing a panel document of the Korea Labor Institute, filed from 2012 to 2020 when the weekly forty-hour system had been fully implemented, The study predicted a fixed-time effect model. Based on ILO standards, the minimum wage workers have been adjusted. The general minimum wage beneficiary range is 0.9 ~ 1.1. The study carried out the analysis by utilizing the waged workers that fall into 0.5 ~ 1.5, extending 0.4 from both ends. As a result, the estimated coefficient of the working hours as the minimum wage increases is 0.001, which indicates that weekly working hours decrease 0.001 when the minimum wage increases by KRW 1. In addition, the average working hours of the wage workers belong to the minimum wage range of 0.5 ~ 1.5, which is longer, 5.5 hours, than the working hours of overall wage workers. Furthermore, when the minimum wage ranges extend to 1.1 ~ 1.3, 1.3 ~ 1.5, which is a 0.2 increase based on the standard range(0.9 ~ 1.1), the weekly working hours have reduced to 1.9, 3.2 hours respectively. Conversely, when the minimum wage range extends to 0.9 ~ 0.7, 0.7 ~ 0.5, which is 0.2, decreases from the standard range, which has increased to 2.3, 5.7 hours.

The analysis results, decreasing weekly working hours when the range is above the minimum wage and increasing working hours when the range is below the minimum wage, suggest that the impact of minimum wage increase deviates from the intended purpose of the minimum wage system. That is, when working hours decrease, the overall monthly income may not rise by the minimum wage increase rate, even with an increase of the minimum wage, which is clearly translated into that the minimum wage workers extend their working hours to meet the insufficient income.

The following are the implications that can be drawn from the study. The government has to empower the Ministry of Employment and Labor(MOEL) to manage the working hours for wage workers so that the institution can protect the low-wage workers' working hours from shortening when the minimum wage has increased. In addition, the government should step forward to provide financial support, including tax reduction or financial aid, for small businesses that have been suffering from insufficient funds to pay the wage.

In terms of improving the overall wage and working conditions of low-wage workers, the government and the Labor Union have to play critical roles in advocating their interests. Many labor unions have been actively working on enhancing the working conditions, including increases in wages for low-wage workers. However, no practical research has clarified the impact of labor union activities on low-wage workers to increase their minimum wage. Given that, this study carried out an analysis of the wage effects of labor union activities for low-wage workers by estimating a fixed-time effect model. The subjects for the analysis are the low-wage workers whose earnings are less than 1.5 times the minimum wage.

The results state that the wage effect of the Labor Union for the overall workers is 1.5%P, and that of low-wage workers is 6.2%P. Mainly, among the low-wage workers earning less than the minimum wage, the effect was the highest at 8.4%P. However, no significant wage effect of Labor Union has not been shown for the middle-wage workers earning 1.5 times higher than the minimum wage with a high rate of Labor Union membership. Interestingly, there have been evident wage effects of the Labor Union within the low-wage workers with low membership rates.

The above results demonstrate that the Labor Union has to make more efforts to organize the low-wage workers. At the same time, the low-wage workers themselves should put in more effort to enroll the Labor Union membership to improve their economic status.

The government's policies regarding the dual structure of the labor market have been developed since the administration of President Roh Moo-hyun.

Moreover, President Moon Jae-in has made the decision to convert non-regular workers to regular in the public sector and executed it. The study also analyzes the influencing factors on KFTU in the policy cycle process in the regularization of non-regular workers during Moon Jae-in administration and presents solutions and improvement tasks. The study first analyzed KFTU's demands and claims regarding the regularization of non-regular workers and then shed light on the effects of KFTU in the policy cycle process. As a result, it turns out that the KFTU demanded the redefinition of continuous work criteria, prevention of unilateral retirement age reduction, and the establishment of a Public Service Commission to improve the wages and welfare of civil servants.

These demands resulted in meaningful results, including the reclassification of criteria for regularizing outsourced private contract workers, ensuring clear guarantees for employment succession, the establishment of the public service commission and its participation in the FKTU. However, there are remaining tasks that require improvement, such as the legislation of public service positions, the preservation of public service commission, and the operation of subsidiary companies. These improvement tasks should be shared with a new government as important matters so the policy decision can reflect them, and the government needs to guarantee the participation of FKTU in the policy implementation process.

The decision-making and implementation process of the government's policy can be explained with the ser-M model in corporate management. It can be classified as a resource renovation mechanism (E-S-R), which means the government becomes subject (S) in converting resources(R) from non-regular workers to regular workers within a given environment (E). Additionally, the active intervention of the environment, which cannot be seen in corporate management, namely the active involvement of FKTU, facilitated the establishment of the public service commission as a mechanism where the subject, environment, and resource can work interactively, bringing the dynamic operation of the mechanism.

The followings are the policy implications can be concluded through the analysis. Among the several impacts of a minimum wage increase on working hours, particularly, it requires administrative measures for the low-wage workers to protect against decreases in their working hours since the phenomena clearly deviated from the original purpose. Furthermore, To facilitate the improvement of the economic situation for low-wage workers, there is a necessity for solidarity among labor entities and governmental legal support to encourage their participation in labor unions. In addition, given the the positive impact of FKTU on the enhancement of working conditions for irregular public sector employees in the process of regularization policies, it summons additional support for the establishment of new public service positions, continuous activity of public service commission, and the operation of subsidiary companies.

Key words: Minimum Wage, Monthly Wage, Working hours, Labor Union Wage Effect, Improving Financial Status, Non-regular workers, Regularization Policy, Public Service Commission, Policy Changes, E-S-R Mechanism